從文物看中國歷史

Understanding Chinese History through Antiquities

李宗鴻——【著】

謹以此書獻給　母親梁勵莊女士、
妻子陳德柔女士，

並懷念　天上的兩位祖母：
李楚嬌女士、
黃玉嬋女士。

代序　可觸碰的歷史

「觸碰歷史」（touching history），指的是透過雙手捉摸歷史，並以實物證古史，以補原始文獻的不足。如能近距離觀察文物，即可窺見當時的生活細節以至古人對「美」的追求，從而構築一道古今交流的橋樑。

「三皇五帝夏商周，春秋戰國亂悠悠。秦漢三國傳兩晉，南朝北朝是對頭。隋唐五代與十國，宋元明清帝王休。」以上六句話，恰恰說明了中國歷史上主要朝代的更迭，也引申到歷代之官方記錄未嘗間斷，讓今人能查閱考證。

史學大家錢穆在其《國史大綱》序文中有云：「當信任何一國之國民，尤其是自稱知識在水平線以上之國民，對其本國已往歷史，應該略有所知。（否則最多只算一有知識的人，不能算一有知識的國民。）」我認同「國民教育即國史教育」，透過研習歷史可讓國人反省過往，把握現在，從而籌劃未來——這是學習歷史的使命。中國歷史發展由新石器時代至今，經歷數千年的連綿起伏，最終演變成現在的體系。故不論探討香港與內地關係，抑或中外的社會問題，以至研究政策的可行性等，俱應把內容放進歷史的框架中思考，才不致脫離社會發展的軌跡。

若論藝術價值，古代器物代表了秦、漢、唐、宋、元等黃金時代的燦爛文明，當時的中國在繁盛的經濟之外，其生活文化、審美觀念，以至政治制度亦被其他各國所仿效，成為中世紀世界歷史的里程碑。接觸這類器物不只可了解歷史，還可透過文物來學習古代盛世的文化素養。譬如看到個別器物上的西域元素，與中國本土的設計互融，不禁見到「國富民強」的具體表現：在經濟富足的同時，在文化上亦能擁有海納百川的強大胸襟，並對他國文化表示認同與尊重。

本書從鴻踪里（Claire & Francis Heritage Lane）選取了二百三十五件藏品，時期涵蓋新石器時代至清代，材質包括陶瓷、金屬、琉璃等。冀讓文物充當時間旅行的導遊，與各位漫遊於中國古代社會的不同角落。

目錄

新石器時代

商、周

秦、漢

魏晉南北朝

隋、唐、五代十國

宋、遼、金、西夏

元

明

清

中國歷代年表

參考書目

鳴謝

新石器時代　仰韶文化半坡類型／

1 紅陶缽

2 紅陶葫蘆瓶

紅陶缽直徑

17.2 公分

葫蘆瓶高度

21.3 公分

中國的新石器時代，大約為公元前八〇〇〇至前二〇〇〇年左右。當時人類已進入農耕文明，以石器、陶器、紡織為基本時代特徵，並已製作出一些飾物與樂器。

其中，仰韶文化（約公元前五〇〇〇至前三〇〇〇年）分佈範圍甚廣，位處黃河中游的河南至陝西地區一帶，由瑞典學者安特生（J. G. Andersson）於一九二一年於河南澠池仰韶村發現。

半坡文化（約公元前四八〇〇至前四三〇〇年）是仰韶文化的代表之一，於陝西省西安市半坡村出土，其主要陶器為彩陶，在紅色的陶胎上描繪出紅、白、黑、赭等色彩的圖案，再入窰焙燒而成，色澤不易脱落。

本品的紅陶缽表面打磨光滑，與另一件葫蘆瓶皆為半坡類型的典型器物。葫蘆腹部隆起，象徵人的母體，加上果實多籽，象徵人的生育繁衍。有些出土的葫蘆瓶描劃了人面，把葫蘆腹比喻為孕婦，祈盼葫蘆的生殖能力轉移到自己身上，體現了原始社會母體崇拜、生殖崇拜的觀念。

新石器時代　馬家窰文化半山類型

3

彩陶單耳罐

高度

12 公分

馬家窰文化製陶技術發達，先後發展出馬家窰、半山、馬廠三個類型。其中，半山類型的陶器表面大多打磨光滑，紋飾鮮明。

本品為半山文化的產物，胎質光滑，以網紋裝飾為主，並附有葉紋，對比強烈。這類葉紋或網紋的裝飾，常見於新石器時代的彩陶，反映先民觀察自然界的景物後將之抽象化，體現了人類文明起始階段的設計風格和創意。

新石器時代

4

彩陶螺旋紋單耳壺

高度

18.7 公分

一九二一年，安特生發現了新石器時代的仰韶文化彩陶後，認為它們與中亞土庫曼斯坦的安諾（Anau）新石器文化遺址中的彩陶有相似之處。

本品應產自中國西北地區，其螺旋紋飾受馬家窰文化馬廠類型（約公元前二六〇〇至前二三〇〇年）彩陶設計的影響。馬家窰文化發源自仰韶文化，在甘肅馬廠出土的新石器晚期彩陶中，有著不尋常的「逆鐘向螺旋紋」（Counter-clockwise Spiral），與烏克蘭 Tripolje 史前文化（約公元前五〇〇〇年）的逆鐘向螺旋紋極度相似。

然而，Tripolje 文化的螺旋紋有逆鐘向和順鐘向兩種，而且以植物藤蔓為意象，迥異於中國彩陶源自鳥紋的螺旋紋圖案，由此可見兩者並無直接關係。

新石器時代　齊家文化

5

紅陶人面蓋罐

高度

15.4 公分

齊家文化（約公元前二〇五〇至前一七〇〇年）位處甘肅地區，發現於甘肅省廣河縣齊家坪遺址，因而得名。齊家文化是繼承馬家窰文化的早期青銅文化，其製造的陶器，形態變化頗多。

本品為泥質紅陶，腹部兩側各貼有乳突一個，代表其手部。人首面部是從蓋內把胎泥拉出捏成，再刻劃五官。壺蓋與壺體接合準繩，並刻有數道直紋表示正確位置。

當時，中原地區由父權社會的夏朝統治，但西部如甘肅地區，則有機會仍然處於母系社會，故器物設計多以女性體態為主，反映他們對生殖文化的崇拜。

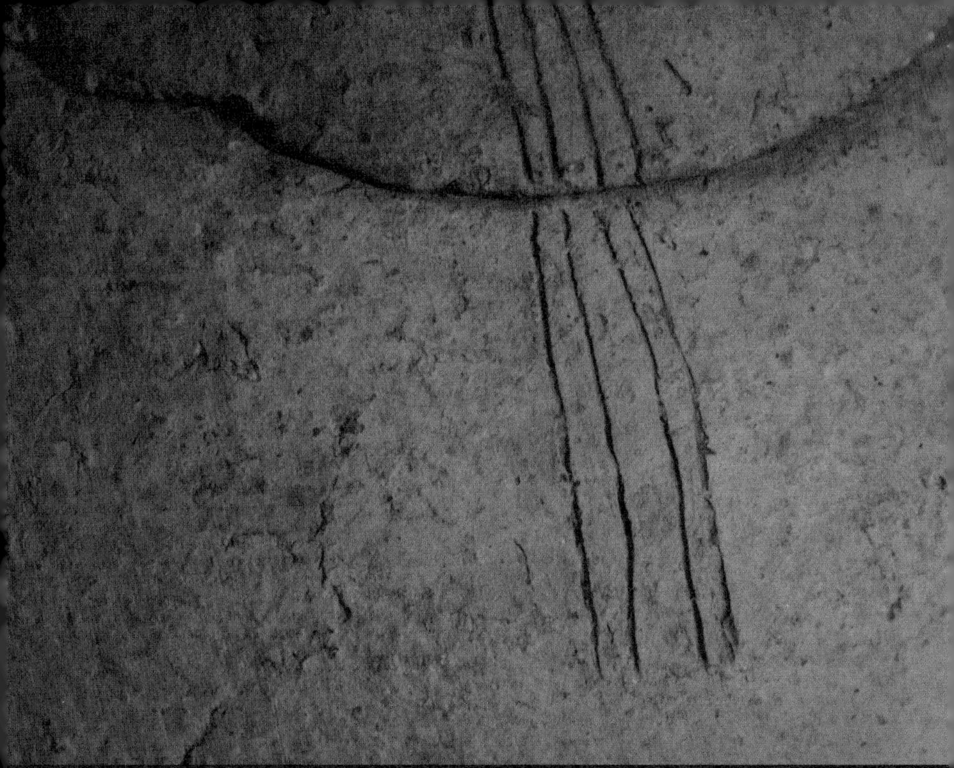

6
紅陶單把鬲
新石器時代　齊家文化／

7
灰陶低頸鬲
新石器時代　夏家店下層文化／

紅陶單把鬲高度
——
11.2 公分

灰陶低頸鬲高度
——
10.7 公分

鬲（粵音「力」），是一種三足炊器，出現在農業社會與畜牧型農業社會的交接期。鬲與三足鼎不同，其三足部分是空心的。

有學者認為，從鬲的形狀與樣式來看，可分為兩個系統，以內蒙古中南部為界，以西至渭河流域盛行單把鬲；以東至山西省中部（晉中）、北部（晉北）則以低頸鬲為主。

後來，單把鬲擴散至黃河中游的齊家文化地區，而低頸鬲則融入到先商文化的所在地。先商文化經過發展，形成商王朝前期的二里崗文化，故鬲亦被認為是殷商文化的標誌之一。

鬲後來又向遼西的夏家店下層文化（約公元前二二〇〇至前一六〇〇年）、嫩江流域等中國東北部不斷擴散，然而，這不能說是殷商勢力的擴展，而是各文化通過交流走向一體化的傾向。

商／

8

灰陶加彩觚

商末至西周／

9

灰陶加彩蓋壺

灰陶加彩觚高度

——

12.2 公分

灰陶加彩蓋壺高度

——

14 公分

商代的甲骨文和青銅銘文（稱為金文）乃中國已知最早的文字符號，是信史時代的開端。

據考古學家李濟所言，商代陶器大致分為三類，即灰陶、白陶和釉陶，當中以灰陶的出土量最多。

本品兩件為酒器，作陪葬之用，並非日常用品。器身留有加彩的痕跡，加彩指器物燒成後才塗上彩料，由於彩料未經燒製，故十分容易脱落。

西周

10

青銅鑾鈴

高度

13.6 公分

高度

14.5 公分

鑾是繫在馬車車軛上的響鈴。《禮記·玉藻》云：「故君子在車，則聞鸞和之聲，行則鳴佩玉。是以非辟之心，無自入也。」君子走路時聽佩玉相撞之聲，乘車時聽鸞（鑾）鳴之聲，邪念就無從進入心頭。這典故後來衍生成語「佩玉鳴鸞」。

鑾鈴由鈴球與帶幾何紋的方座構成，兩者均是北方草原文化特徵。

公元前七七一年，犬戎之禍爆發，西周都城鎬京（西安）被外族犬戎攻破，周平王東遷雒邑（洛陽），是為東周。東周以「華夏」自居，貶抑四方為「蠻夷戎狄」，鑾鈴上象徵戎狄的北方符號，成為被摒棄的對象，導致春秋時代鑾鈴的使用突然大幅減少。

至春秋末期，孔子提倡學習西周的典章制度，曰：「周監於二代，郁郁乎文哉！吾從周。」因此自春秋戰國之交，許多貴族開始再次使用鑾鈴。

春秋／

11 仿玉陶龍紋同心環

12 仿玉陶龍紋環

仿玉陶龍紋同心環直徑

4.4 x 4 公分

仿玉陶龍紋環直徑

3.5 公分

自新石器時代，先民已有在日常生活中佩戴玉器的習慣，並以之陪葬。及後，玉器成為周代禮制的一部分，有重要的文化意義。

本品兩件陶製小環是陪葬用的明器，製作工藝仔細，構圖飽滿，雲紋變化多端，環上有簡化龍紋，形制與紋飾皆與春秋時期的玉環如出一轍。

春秋時期，一些作坊會專門生產陶製的明器，供統治階層墓葬之用，代替玉器及青銅器入土。

有關古人佩環，《禮記・玉藻》曾記：「孔子佩象環五寸，而綦組綬。」孔子佩帶直徑五寸、象牙製的環，並以青黑色的組絲懸掛。另外，《史記・孔子世家》記孔子拜謁衛靈公夫人：「夫人自帷中再拜，環佩玉聲璆然。」夫人行禮時，環佩發出叮噹碰撞的聲音。

戰國／

13 銅雲紋鏡

14 銅十二葉紋鏡

銅雲紋鏡直徑

——

8.8 公分

銅十二葉紋鏡直徑

——

6.8 公分

鏡的使用最早可追溯至新石器時代齊家文化，當時紋飾簡約。至戰國時代，銅鏡發展迅速，製作技術漸趨成熟，紋飾和形制走向繁複和規範，奠定往後的基本模式。

本品兩面鏡子造工卓越成熟，體薄輕巧，印紋清晰。雲紋鏡構圖雖簡，然刻劃細緻。十二葉紋鏡的鈕座＊從中心向外飾四道長葉紋，間隔亦飾四行桃葉紋，每行兩道，並以幾何紋為背景紋飾（地紋）。

＊鏡鈕是用作穿繩懸掛的孔，設於鏡背；鈕座即鈕的裝飾部分。

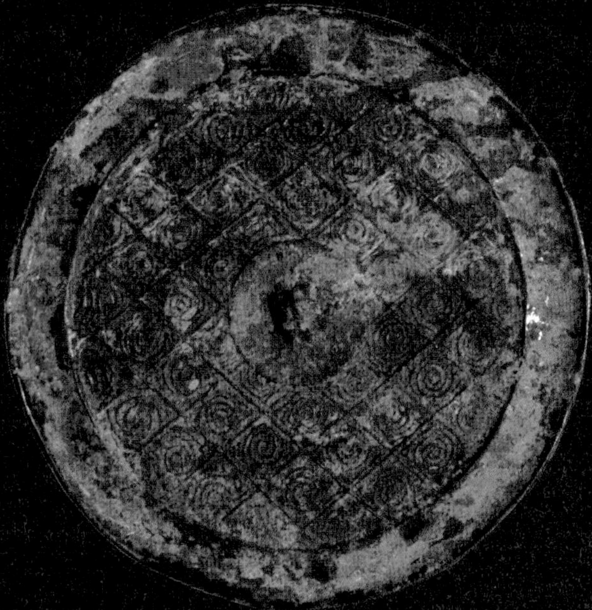

15 青銅戈

戰國／

長度

38.2 公分

戰國時代，列國爭霸，各地戰爭頻繁，對武器的需求很高，種類主要有劍、戈、弓箭等。鑄造的材料除青銅外也有用鐵，反映由商周的青銅時代，過渡至以春秋戰國為代表的鐵器時代。

戈乃古代主要兵器，長柄前端裝有橫刃，可橫擊啄刺，亦可後拉劈殺。戈起源於石器時代的石鐮等農具，新石器時代晚期已有石戈，青銅戈則始於夏商。

關於武與戈的闡述，可參見《左傳・宣公十二年》記載楚莊王在著名的邲之戰後，首先提出「止戈為武」的觀點，說明了武力的本質在於禁暴安民，締造和諧豐盈的社會：「夫武，禁暴、戢兵、保大、定功、安民、和眾、豐財者也。」「戢兵」即把武器收藏起來，不用武力而戰勝對方。

本品兩面開鋒，這種樣式流行於戰國中晚期的楚國。

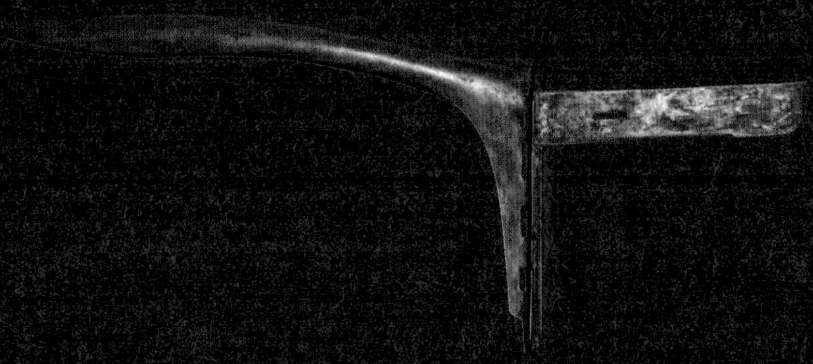

16

戰國／

陶加彩饕餮紋瓦當

闊度

17 公分

中式建築的屋簷，由半圓筒形的筒瓦及扁形的板瓦交互搭成，瓦當為筒瓦前端的遮擋及裝飾。

本品產自戰國時代的燕國，當時多為宮殿建築使用。

瓦當上的饕餮紋，上承商周青銅文化的常見紋飾，有可能追溯至更早期，內蒙古夏家店下層文化加彩陶器的饕餮紋。

另一方面，燕國長期與北方游牧民族為鄰，與草原文化相互影響。本品上部及周邊紋飾作環鈎形，乃北方草原動物紋的特徵。

17

戰國

原始青瓷甬鐘

高度

37.5 公分

甬鐘是周代打擊樂器的一種，以青銅鑄成，因其平面立有甬柱而得名。本品為越國貴族的陪葬明器，以一比一仿製青銅實物，雖然不能演奏，但造型逼真。

位處東南方的越國統治階層，透過引入中原樂器，仿效當時主流的中原禮制，建立等級森嚴的制度。

關於青銅甬鐘的出土例子，還可參考湖北省曾侯乙墓的一組編鐘。

18

戰國／

印紋硬陶雙耳匏壺

高度

13公分

印紋硬陶源自西周至春秋時代長江流域一帶，工匠運用當地的高密度陶土製器，並印上紋飾，入窰高溫燒製而成，相較之前的陶器，在硬度上取得了突破。戰國時代南方的浙江、江西、福建及兩廣地區，在生產印紋硬陶和原始瓷器方面有很大的發展。

本品屬百越地區的日用器皿，仿匏瓜造型，極富地方色彩。匏瓜即葫蘆，自新石器時代已有種植，《廣韻》稱其「可為飲器」。陶匏壺的功用有兩種，一作日常使用；二是作為祭器，盛玄酒祭天，見《禮記．郊特牲》：「器用陶匏，以象天地之性。」

19

陶鳥形杯

戰國～西漢

長度

14.8 公分

高度

10 公分

本品相信為陪葬用的陶器，設計意念有可能來自同時代的青銅製品，例如一九七八年於山東省薛國故城四號墓出土的三隻青銅鳥形杯，或北京故宮博物院藏的兩件銅製「鳥飾爵」，皆屬於春秋時期。

先秦經典《儀禮．士虞禮》有載：「主人洗廢爵，酌酒酳尸，尸拜受爵」，「主婦洗足爵於房中」，可知「爵」應有「廢爵」和「足爵」兩種形制，足爵是三足有流有尾者，廢爵是斗形有柄者。

北宋呂大臨《考古圖》卷五有「雀背負琖」的形容，即下有圈足，中為雀鳥形，上附杯口，按北京大學李零的考據，此即為《儀禮》中所提的廢爵。

觀乎本品的形制，與呂大臨的描述不謀而合，應同為「廢爵」一類。

20

戰國／

「安邑二釿」背「安」布幣

重量

32.8 克

戰國時代，社會由物物交換發展成貨幣經濟的雛形，各國發行各自的貨幣，大體以形狀（如刀幣、布幣）、重量（如半兩）、鑄造地方（如郢爰）等為名稱。

「釿」（粵音「斤」）通「斫」，解砍伐，最初作農具之意，亦泛指由農具演化而成的布幣，漸漸才變成一種貨幣單位，幣值基本上分二釿、一釿、半釿三等。

釿布多鑄於戰國早中期，在山東、山西等地均見出土。形體較大，錢文多刻魏國城邑，如本品的「安邑」，位於今山西夏縣，為魏國早期都城。據《竹書紀年》載，魏惠王九年（公元前三六一年）從安邑遷至大梁，相信是為避免秦國的侵擾，或將來準備在中原稱霸。定都大梁後，魏國亦被稱為梁國，《孟子》中登場的梁惠王，其實即是魏惠王。

戰國（秦）／

21「半兩」銅錢

秦／

22「半兩」銅錢

戰國「半兩」銅錢重量（下頁右）

——

13.47 克

秦「半兩」銅錢重量（下頁左）

——

8.2 克

秦始皇雖有統一幣制之功，秦半兩卻非始皇首創，原型可追溯至先秦。戰國時代的秦半兩，錢文字體較為放逸；秦統一天下後所鑄的，則較為方正。始皇於全國推行半兩，為應付貨幣流通的所需，把六國本來的貨幣改鑄，例如齊刀一枚，可鑄半兩五枚。

始皇沉迷方士，半兩錢的外圓內方，象徵古代認為天圓地方的宇宙觀。秦半兩的歷史意義，還在於其「方孔圓錢」式，取代各種原始貨幣，成為直至清末為止中國歷代主要的貨幣形態。

秦半兩中，最輕的只有兩克左右，最重的卻有二十克以上。當時的貨幣觀念還未發達，鑄錢者不太重視錢幣的重量統一；加上私鑄盛行，令秦半兩數量大增，質量也參差不齊。當時一兩重二十四銖，半兩為十二銖，約合今制七至八克。半兩錢以重量為單位，但不知道黃金和銅錢之間有沒有法定比價。

以下三項史料可說明秦半兩的使用情況：

《史記·平準書》：「及至秦，中一國之幣為二等，黃金以鎰為名，為上幣；銅錢識曰半兩，重如其文，為下幣。」即錢文為「半兩」二字，重量亦為半兩，乃相對於黃金的下幣。

《金布律》：「錢善不善，雜實之。……百姓市用錢，美惡雜之，勿敢異。」即當時的半兩錢輕重參差不齊，然而百姓皆視之為具有同等購買力，不敢異議。

《史記．蕭相國世家》：「高祖以吏繇咸陽，吏皆送奉錢三，何獨以五。」眾吏贈送劉邦三枚半兩錢作路資，唯獨蕭何奉送五枚。除了顯示蕭何的誠意外，亦代表半兩錢在當時價值不低。

秦／

23

陶繭形壺

高度

24.5 公分

繭形壺之名，源於南宋末年，周密《癸辛雜識》載：「長安中，有耕者得陶器於古墓中。形如臥繭……光潤如玉，呼為繭瓶。」說明南宋時已有這類陶器出土，因形狀與蠶繭相似而得名。

本品造型古樸，壺身刻有數道弦紋＊，另有分布均勻的幼細輕刻紋。

繭形壺口小腹大，可能用作儲存水酒或穀物。亦可能作傳音之用，作戰時把壺身埋於地下，露出壺口，士兵把耳朵靠近，即可聽到遠處敵人的馬蹄聲。

＊弦紋，器物上呈平行線的紋樣。

秦／

24

紅陶印紋「亭」字罐

高度

24.5 公分

秦地陶器上的文字，稱為「秦陶文」，年代從春秋戰國到始皇統一天下，出處分為數大類別，包括中央官署的製陶作坊、官營的徭役性製陶作坊、市亭（即地方政府）製陶作坊及民營製陶作坊等，反映了秦代對陶器製作的統一與規範，可窺見秦始皇陵兵馬俑設計的一致性背後，有著深厚的積累。

本品罐上印有陰文「亭」字，為市亭製陶作坊的印記。這類單字印記數量較多，約佔秦陶文印記的兩成左右。

西漢／

25 三銖錢

26 四銖半兩錢

27 郡國五銖錢

28 上林三官五銖錢

三銖錢重量

2.27 克

四銖半兩錢重量

2.78 克

郡國五銖錢重量

3.6 克

上林三官五銖錢重量

4.01 克

銖是古代的重量單位，漢代一兩等於二十四銖。

漢武帝即位（公元前一四〇年）後，即進行其首次貨幣改革：鑄造三銖錢。當時流通的半兩錢，名義上重四銖，實際上已減至或不足三銖，故政府希望鑄造名實相符的三銖錢。但民間私鑄問題仍然存在，五年後武帝廢三銖錢，重新恢復四銖半兩。

公元前一一八年，武帝棄四銖半兩，准許郡國鑄造五銖錢。惟各國鑄造的五銖錢在尺寸及工藝上多不統一，令盜鑄行為活躍起來。武帝遂禁止郡國鑄錢，改由京師的鍾官統一鑄造「赤仄五銖」。「赤仄」即將銅錢的外郭加工銼平，一枚赤仄五銖價值等於五枚郡國五銖錢。

兩年後，漢武帝又廢除赤仄錢與郡國五銖的比價，讓各種五銖錢等價流通，並決心禁止郡國鑄錢，規定天下流通的五銖錢須由中央的「上林三官」*鑄造，開啟了五銖錢超過七百年的流通歷史。

*上林三官即設立於皇家園林上林苑的鍾官（掌管鑄錢）、辨銅（辨別銅色）和均輸（管理鑄錢材料的運輸）。

西漢／

29

「長樂未央」瓦當

直徑

15.3 公分

本品應是西漢長樂宮的瓦當，然而其他「長樂未央」瓦當有不同字體風格，故亦可能為其他建築物所有。

長樂宮是西漢長安城的主要宮殿之一，漢高祖五年（公元前二〇二年），劉邦擊敗項羽後，定都關中，並在戰國時代秦昭王的興樂宮原址修建宮城，兩年後搬入長安。高祖死後，呂后掌權，入住長樂宮，自此該處成為西漢歷代太后居所，而皇帝至搬至旁邊的未央宮。新朝時，王莽將長樂宮更名為常樂室，赤眉軍攻入長安後被焚毀。

長樂宮亦是呂后誘殺名將韓信的地方。《史記．淮陰侯列傳》：「信入，呂后使武士縛信，斬之長樂鐘室。」當韓信進入長樂宮，呂后即下令武士把他拿下，帶至鐘室斬首。

除「長樂未央」外，還出土了「漢並天下」、「長樂無極」、「長生無極」等文字的瓦當。自古以來，中國文人與收藏家皆十分看重秦磚漢瓦，有些古瓦當更被製成墨硯。另外，文人亦不時以瓦當相贈，彼此欣賞瓦當上的文字書法。

30

西漢／

「見日之光」銅鏡

直徑——8公分

本品的名稱，來自鏡背花紋外圈所刻的銘文「見日之光，天下大明」，屬西漢時期的典型紋飾。

「見日之光」鏡的特點，在於光線照射鏡面時，反射在牆壁上的光圈卻會映出鏡背的紋樣，令觀者錯以為光線是從鏡背穿透到正面，故又名「透光鏡」。究其原理，是因為鏡背有紋樣的部分比較厚，沒有紋樣的部分則比較薄，厚薄不均令打磨鏡面時產生變形，從肉眼看來雖似完全光滑，但其實有極其輕微的凹凸，與鏡背的紋樣相應，這凹凸只有在反射光線時才能呈現出來，產生從背面透光的錯覺。

現存的「見日之光」鏡數量不少，但真正能透光的卻寥寥可數，其中一面現藏上海博物館。包括本品在內，絕大多數「見日之光」鏡可能由於鏡面鏽蝕，都已不能透光。

西漢

31

銅羽人手鏡

直徑

4.4 公分

本品鏡背模印有羽人圖像，手舞足蹈，生動活潑。

羽人乃長有羽毛、翅膀並能飛翔的人。《楚辭．遠游》：「仍羽人於丹丘兮，留不死之舊鄉。」即前往羽人居住的丹丘，留在不死的仙鄉。《山海經》亦記載了類似的人種，稱作「羽民」。《論衡．無形》描述：「圖仙人之形，體生毛，臂變為翼，行於雲，則年增矣，千歲不死。」因羽人有翼能飛，常被與長生不死的觀念聯繫起來。東漢王逸注《山海經》時亦言：「人得道，身生毛羽也。」

相關考古例子，可見湖北省隨縣曾侯乙墓內棺側板的羽人圖像，顯示羽人具人面鳥身，頭戴帽冠，雙翅展開，一手持戟，腹部帶鱗，尾翼散開，乃引領靈魂升天的形象。另外，陝西省西安市漢長安城遺址亦出土了一件屈膝跪坐的銅羽人像。

西漢／

32

長方形硯板＋研石

研石	長方形硯板
長度 3.2 公分	長度 16.6 公分
闊度 3.2 公分	闊度 6.1 公分
高度 1.3 公分	高度 0.5 公分

考古學家曾在陝西臨潼姜寨遺址，發掘出新石器時代的石磨，推測用以研磨石墨及其他顏料，可算是墨硯的鼻祖。

漢代的硯一般作長方形，並附有研石作研磨墨粉之用。甘肅古涼州地區的戰場遺址曾出土長方形的硯，相信是用作處理軍中文書。這類長方硯又名「黛硯」，有機會為婦女磨勻妝粉之用。

西漢

33

陶加彩女立俑

高度

24.5 公分

本品女俑身材修長，線條優美，雙手抱袖置於腹前。漢代對女性的審美觀，從文獻如《孔雀東南飛》：「東家有賢女，窈窕艷城郭」、《神女賦》：「豐膚曼肌，弱骨纖行」、「膚柔曼以豐盈」等句，可窺一二。

有別於新石器時代在入窰前已加彩的彩陶，此俑乃燒製出窰後才加彩，故彩料通常極易脱落。唯本品顏色久存，甚為難得。

漢／

[34] 加彩灰陶鴞壺

[35] 灰陶鴞壺

加彩灰陶鴞壺高度

19.5 公分

灰陶鴞壺高度

16.6 公分

古人認為，鴞（即貓頭鷹）是一種不孝之鳥。清段玉裁《説文解字注》：「梟，不孝鳥也。故日至捕梟磔之。漢儀：夏至賜百官梟羹。」漢代以孝治天下，鴞的象徵意義令人厭惡，於是大量捕殺，並製成肉羹享用。

同時，西漢墓葬中亦可見鴞形的陪葬品。西漢初期的鴞俑，體型比較瘦長，有辟邪鎮墓之意。然而，由於鴞以鼠為食，對鴞大量捕殺，令西漢晚期鼠患加劇，人們遂結合鴞善於捕鼠的特性，改為以肥碩中空的鴞壺陪葬，寓意防範鼠患，使墓主人在陰間生活富足無憂。

由此可見鴞在漢代的兩個文化面向：一方面作為「不孝鳥」而被宰殺；另一方面卻是捕鼠良物，守護墓室。

36

漢／

灰陶印動物紋器蓋

直徑

12.9 公分

本品印有龍、魚、龜、蠍子等水底或地下生物，代表對死後世界的描寫，這類圖案亦可與湖南長沙馬王堆漢墓的帛畫相比較。

馬王堆帛畫分為上中下三部分，分別描繪了天上、人間、地下世界的場景。帛畫下方畫了包括兩條大魚、龜、蛇，以至貫串整幅圖畫中、下兩部分的龍，題材雖然描繪的是死後世界，惟亦寄託了死後重生的願望，並生活在地下的永恆家園。

37

漢／

綠釉走獸紋罐

高度

13.6 公分

本品以模製而成，罐身飾有大象、駱駝、老虎、鹿、鳥、孔雀等來自不同地方的奇珍異獸，甚具特色。

眾多紋飾當中，以大象為少見。商代或之前，在中國東北、西北和西部等地區仍有大象生活。然而，隨著往後各朝代人口增長迅速、社會持續發展，大象的棲息地不斷往南減退，至漢代時，僅可見於長江流域及以南地區。

西漢雜家經典《淮南子》有載：「陽氣之所積，暑濕居之……其地宜稻，多兕象。」除大象外，當時那一帶還有犀牛等大型動物出沒。

漢

38

綠釉弦紋奩

高度

13.7 公分

奩（粵音「廉」），是古代婦女的化妝箱，多為漆器或陶器。《後漢書．光烈陰皇后紀》：「會畢，帝從席前伏御床，視太后鏡奩中物，感動悲涕。」到後世，「奩」和「妝奩」也常借代女子出嫁時的嫁妝。

在漢代的考古發現中，奩亦為盛酒器皿，作溫酒之用，相關例子可見四川大邑安仁鄉出土的宴樂百戲畫像磚。

北京故宮博物院及倫敦大英博物館，分別收藏了北宋汝窰的三足奩；台北故宮博物院則有北宋定窰的白釉三足奩等，基本形制乃仿漢代的弦紋奩，足見宋人慕古之風。

西漢末年至新莽

西漢末年

39 大泉五十

40 契刀五百

新莽

41 小泉直一

42 大布黃千

43 貨泉

44 貨布

王莽篡西漢自立新朝，托古改制，接連進行了四次貨幣改革，制度繁瑣，百姓無所適從，且不同面值的貨幣與其本身重量不一致，使貨幣缺乏信用，造成社會經濟的嚴重破壞。儘管如此，新莽錢幣卻是中國貨幣史上精美的藝術作品。

居攝二年（公元七年），王莽為西漢孺子嬰攝政，進行第一次貨幣改革，於五銖錢外鑄大錢「大泉五十」、刀幣「契刀五百」及金錯刀「一刀平五千」，即一枚各抵五銖錢五十、五百及五千枚。

王莽建立新朝後，始建國元年（公元九年），廢錯刀、契刀及五銖錢，鑄「小泉直一」（小錢），與「大泉五十」（大錢）並行。翌年，他更實行「寶貨制」，把貨幣分為五物、六名、二十八品。五物即金、銀、銅、龜、貝五種材料；六名乃六種貨幣，共二十八個等級，分別為：金貨（一品）、銀貨（二品）、龜貨（四品）、貝貨（五品）、泉貨（六品，包括小泉直一、大泉五十）及布貨（十品，包括大布黃千）。各品大小、輕重及幣值依次遞增。

天鳳元年（公元一四年），王莽又罷大、小

貨泉重量	小泉直一重量	大泉五十重量
3.79 克	1.74 克	9.2 克

貨布重量	大布黃千重量	契刀五百重量
16.09 克	14.32 克	18.9 克

錢，鑄「貨布」、「貨泉」，變相恢復五銖錢制。

王莽貨幣銅質精良，錢文上的書法以「懸針篆」為主，筆劃流暢幼細，藝術價值極高，惟常流通的只有大泉五十、小泉直一、大布黃千、貨布、貨泉數種，餘皆甚罕。

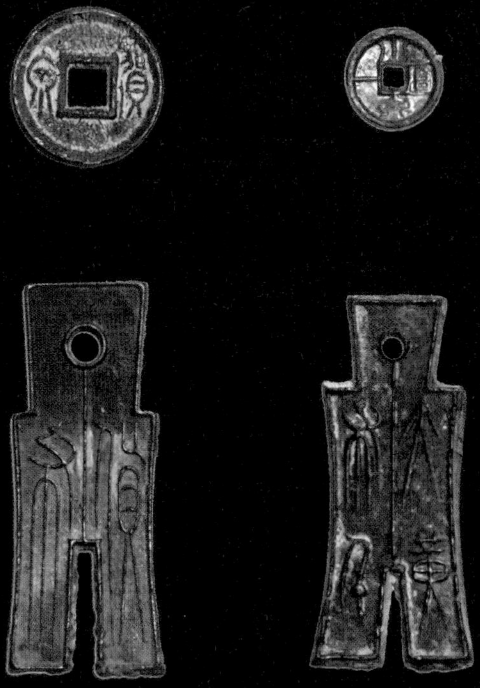

東漢

45

陶加彩胡人騎馬俑

高度

11.5 公分

本品胡人深目高鼻，穿上長袍，頭戴高帽，造型與河北省望都縣出土、刻於東漢光和五年（公元一八二年）的石騎馬人相似。另外，湖南省衡陽縣富溪鄉道子坪出土的東漢胡人牽馬銅俑，面容亦與本品相類。

自漢武帝擊敗匈奴，絲綢之路得以暢通繁榮，大量胡人進入中土，從事各方面的交流。胡人文化亦影響當時社會各階層，如《後漢書．五行一》所記：「靈帝好胡服、胡帳、胡牀、胡坐、胡飯、胡空侯、胡笛、胡舞，京都貴戚皆競為之。此服妖也。其後董卓多擁胡兵，填塞街衢，虜掠宮掖，發掘園陵。」由此可知，東漢靈帝崇尚胡人的生活方式，而權臣董卓則透過胡人建立其勢力。

東漢／

46

陶臥犬

長度

31 公分

高度

15.2 公分

在中國連綿數千年的文化中，狗一直發揮著重要的角色，其作用主要包括協助狩獵、守門，以至充當食材等。此外，在許多歷史文獻中，狗亦被視為一種靈異動物。

例如，古人相信用白狗的血塗抹門柱和窗戶上，可趨避蠱毒之災；《後漢書》亦記載了東胡烏桓人的風俗，他們為一些英勇的士兵下葬時會燒死一條狗，以護送死者回歸亡靈居住的赤山。由此可見，古人認為狗具有溝通陰陽兩界的功能，因此在不少墓葬中，亦能發現以陶犬作為陪葬品。

47

陶褐釉雙耳提壺

東漢

高度

26.5 公分

本品為貯藏酒水的器皿，其圈足有兩個與肩部雙耳對應的穿孔，以便繫繩。壺身與蓋子接合處有切割痕跡，顯示兩者是一起入爐燒成。這類壺有雙耳固定壺身，不怕陶壺因盛載過重而破損。

本品為廣東地區生產的典型器物，類似例子可見於香港李鄭屋漢墓。

48

東漢／陶褐釉卮

高度

11.2 公分

卮（粵音「支」）乃漢代常用的飲酒器，附耳，可單手持飲。

本品胎質疏鬆，但頗為堅硬，表面有一層褐色釉，並於器身施了幾道弦紋，除裝飾外亦有實際作用，可幫助陶工把耳貼到器身的同一水平線上。

本品亦為廣東地區生產的器物，類似例子可見於香港李鄭屋漢墓。

東漢至南朝

49

陶鐵彩鸚鵡杯

高度（右）

9.1 公分

高度（中）

9.5 公分

高度（左）

9 公分

這類設計獨特的耳杯，相信為當時的上層階級喝酒之用。相關例子可見一九七二年出土於耒陽市，現藏湖南省博物館的鸚鵡陶杯。即使到了唐代，詩人盧照鄰的《長安古意》亦有「漢代金吾千騎來，翡翠屠蘇鸚鵡杯」句，描述漢代將軍以鸚鵡杯喝著美酒。

東漢末年文學家禰衡作《鸚鵡賦》，藉賓客獻上鸚鵡為背景，說明這種來自西域的雀鳥擁有美貌奇姿，且「辯慧」、「聰明」，惟此刻卻被「閉以雕籠」，又給人「翦其翅羽」。作者以鸚鵡所面對的逆境來慨嘆現實命運不濟、仕途不通之困境。

西晉

50

加彩陶槅

長度

21.7 公分

闊度

15.6 公分

高度

16 公分

槅（粵音「格」），又稱「多子盒」、「果盒」、「格子盒」，乃流行於魏晉南北朝一種用作放置果品的器具，既有陶、瓷製品，也有漆木器。作方形或圓形，內有分格，可分裝不同食物。

三國至西晉時期的槅多呈長方形，中分一大格、八小閣，初為平底，後來發展成方圈足，足壁下部切割出花座。

本品分層並帶蓋，彩料保存甚佳，殊為難得。

南朝／

51

青釉虎子

長度

21.5 公分

高度

25 公分

虎子，即中國古代的尿壺。東晉《西京雜記》：「漢朝以玉為虎子，以為便器，使侍中執之，行幸以從。」虎子名稱的由來，亦見同書記載：「李廣與兄弟共獵於冥山之北，見臥虎焉。射之，一矢即斃。斷其髑髏以為枕，示服猛也。鑄銅象其形為溲器，示厭辱之也。」西漢名將李廣於山中射殺猛虎，為表對其輕蔑，遂命人製作了虎形的尿壺。

本品器身作蹲伏狀，頭部以推貼技術塑成獅形，尾部向上延伸，至獅頭連接成一提梁。可見虎子只是這類尿壺的名稱，並非必須製成虎形。

十六國／

52 陶加彩男立俑

53 陶加彩鎧甲俑

陶加彩男立俑高度

——

32.3 公分

陶加彩鎧甲俑高度

——

36 公分

本品男俑下身穿寬腿褲，雙手籠袖放於胸前；鎧甲俑則是全副武裝的士兵，佩帶箭套、手持武器，隨時準備出征。

五胡十六國時期，北方的羯、氐、羌、匈奴、鮮卑等少數民族入主中原，戰事頻繁，當時的貴族為了保護自己的利益，建立了很多由農民組成的莊園。本品男立俑的原型，可能是莊園領主的私兵，稱為「部曲」，平時耕種勞作，戰時出征。

54

北魏／

陶加彩文官俑

高度

17.8 公分

高度

16.7 公分

五胡十六國末期，鮮卑族建立的北魏統一華北，下開北朝時代。自北魏孝文帝實施漢化政策，不論皇族貴冑皆需換上漢服，其服飾亦作出一些改變，以方便其騎馬為主的生活。

本品文官俑所穿的服飾稱為「褲褶」，是北方遊牧民族的傳統服裝，一般為上身大袖衣，下身肥腿褲。到了南北朝，這種服裝亦開始在漢族地區流行，衣袖和褲管越來越寬大，稱為「廣袖褶衣」、「大口褲」。為了行動方便，人們會用一米左右的錦帶紮緊褲腿，稱為「縛褲」。

北魏

55

陶加彩男俑

高度

17公分

本品陶俑身穿小袖上衣，下身為褲，是鮮卑人的傳統服飾。

自北魏孝文帝實行漢化政策後，上層社會的服飾多以漢服為主流，惟仍有不少鮮卑貴族穿著其民族服飾。例如，代表當時保守勢力的孝文帝太子元恂，即嫌河南天氣酷熱而穿胡服，破壞了其父的漢服政策。

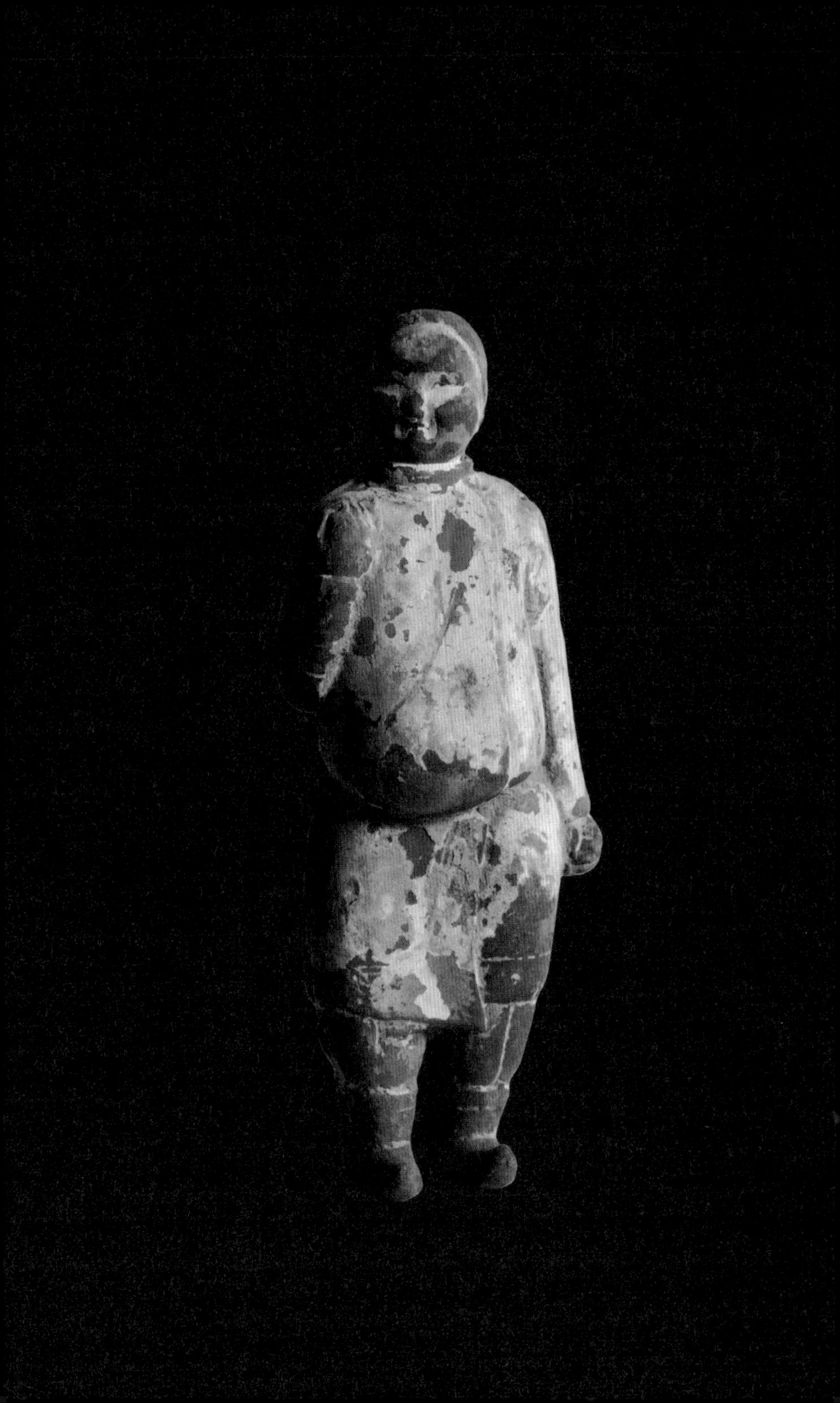

北魏

56

太和五銖

重量

4.24 克

隨著北魏社會發展農業、商業及手工業，經濟趨向繁榮穩定。有見及此，孝文帝於太和十九年（公元四九五年）開始鑄錢，名為「太和五銖」，是中國北方自漢末亂世長期以實物代替貨幣以來，政府首次統一鑄錢。

據《魏書．食貨志》所言，孝文帝下詔於京師及各州鎮通行太和五銖，官員的俸祿也由絹改為錢，每匹絹合錢二百文。當時朝廷亦批准百姓鑄錢，惟必須到官府專設的爐中冶煉，以確保銅質。當時的尚書令拓跋澄，曾以「大魏之通貨，不朽之恆模」來稱讚太和五銖錢的質素。

東魏／

57

陶褐釉弦紋碗

直徑

——

15.7 公分

本品為北朝的陪葬明器，碗身施有褐釉。相同器型的陶器曾於山西省大同市元淑墓出土，為北魏永平元年（公元五〇八年）之物。相似的玻璃器物則可見大同市七里村北魏墓群 M6 的玻璃碗，直口圈足，外壁施凸弦紋一道，為典型的北魏器型。另可見一件形制相同的醬釉弦紋碗，出土於河北省景縣高雅墓，時代為東魏。

以弦紋裝飾碗身，可追溯至波斯阿契美尼德王朝（Achaemenid Period，公元前五至六世紀），日本美秀美術館就有兩件產自波斯的金質弦紋碗。

東魏

58

灰陶加彩胡人俑

高度

18.8 公分

本品頭戴方稜瓜帽，頭髮捲曲，深目高鼻，面相具備西方人種的特徵，相信是來自波斯或東羅馬帝國。他身穿圓領窄袖的緊身長袍，雙足叉開站立，應是正在牽引駱駝的胡商。

類似陶俑可見東魏武定八年（公元五五〇年）的茹茹公主墓，位於河北省磁縣，墓主人茹茹公主乃柔然（茹茹）可汗孫女，嫁予東魏大臣高歡第九子高湛為妻，死時年僅十三歲。此墓出土的各式陶俑達千多件，另有東羅馬金幣兩枚，加上其他珍貴文物如墓志銘等，對了解當時的社會文化提供了重要的資料。

北朝至隋

59
灰陶加彩鎮墓獸一對

人面鎮墓獸高度

27 公分

獸面鎮墓獸高度

26 公分

人面獸身和獸面獸身一對，頭上有角，背後生翅，獸足，比喻人獸結合。

本品由模製而成，類似的鎮墓獸屢有出土，反映政府為貴族及官吏統一製作陪葬品的制度。

當時，中央定下禮制，社會不同階層，需使用不同等級的葬儀與陪葬品，在首都及毗鄰地區，官員及老百姓皆遵從規範，惟在鞭長莫及的偏遠地方，則可見不少較為隨意的墓葬及陪葬品設計。

北朝

60 灰陶弦紋直口高足杯

61 灰陶弦紋撇口高足杯

灰陶弦紋直口高足杯高度

14.7 公分

灰陶弦紋撇口高足杯高度

9 公分

直口高足杯的器型，相信仿自當時從羅馬帝國傳入的玻璃高足杯；而撇口高足杯的器型，則仿自同時代西亞的金屬酒杯，其樣式見證了北魏透過陸上絲綢之路與西域的文化交流。

相關撇口高足杯的例子，可見於山西省大同南郊出土、在北魏平城時期的童子葡萄紋鎏金銀高足杯，乃公元四至五世紀從薩珊波斯進口。杯上的裝飾與古希臘酒神節的傳統有關，且具有東羅馬高足杯的特徵，是羅馬和巴克特里亞風格，有機會是通過絲綢之路傳到北魏的首都平城。

北齊

62

陶加彩武士俑

高度

63.5 公分

本品具有外族人的容貌特徵，身披鎧甲，左手持貼有獸面的盾牌，右手可能持有兵器，但現已不存。

北朝士兵的主要鎧甲是襠鎧，大多以金屬或皮革製成，甲片分長條形和魚鱗形兩種。胸背處通常會採用魚鱗形的甲片，小而精巧，便於活動。士兵一般還會在甲內套一件厚實的、布帛製作的裲襠衫，防止堅硬的甲片擦傷皮膚。

63

北齊至隋

陶綠釉侍從俑

高度

26 公分

本品頭戴幞頭（一種帽子），身穿窄袖袍，足踏長靴。類似服飾可見北齊太尉武安王徐顯秀墓，位於山西省太原市，墓內壁畫顯示了墓主人龐大的儀仗隊，當中侍從的頭飾及穿著與本品極其相似。

北齊

64

青釉陶器皿一組九件

最高

18 公分

最闊

17 公分

本組器物以青釉為裝飾，其形制模仿銅製器皿，而釉色則仿玻璃器物，顏色頗為鮮艷。

自北魏統一北方後，北朝生產力有所發展，陶瓷手工業再一次興起。其中，帶釉陶器為當時的王公貴族所推崇，不少更作陪葬用途。

據《隋書．何稠傳》：「時中國久絕琉璃之作，匠人無敢厝意，稠以綠瓷為之，與真不異。」說明即使到了隋代初年，官員何稠以綠釉陶器模仿玻璃作品，幾與真正的玻璃製品無異，受到上層社會歡迎。

北齊至隋

65

黃釉陶貼花罐

高度

40 公分

罐身以等距相間的方式貼有四塊圖案，分別為兩個獸面鋪首，及兩組寶石紋。每組寶石紋由五個突出的圓形組成，周邊鑲有一串較細小的珠紋。這種紋飾源自波斯薩珊王朝的紡織品，透過粟特（今烏茲別克）商人由絲綢之路傳入中土。花紋乃模印而成，粘貼在器壁上，裝飾風格明顯受到波斯金銀器工藝的影響。

與本品類似的貼花罐，可參考美國華盛頓佛利爾美術館（Freer Gallery of Art）的綠釉貼花罐（館藏編號：F1930.32）。

高度
——
9 公分

66
北齊
黃釉陶貼人物罐

本品通體施黃釉，間中有綠色豎條紋，主體有聯珠紋邊，七片橢圓貼飾，內印西域舞者或樂手演奏笛子及琵琶。

此西域樂團有機會來自粟特（今烏茲別克），正在表演胡騰舞，其伴奏樂器皆來自西域。關於胡騰舞的表演盛況，可見盛唐詩人李端的《胡騰兒》：「胡騰身是涼州兒，肌膚如玉鼻如錐。桐布輕衫前後卷，葡萄長帶一邊垂。」「環行急蹴皆應節，反手叉腰如却月。」胡騰舞的動作以蹲、踏、跳、騰為主，節奏多「急蹴」，並以橫笛、琵琶等樂器伴奏。值得一提的是，胡騰舞和胡旋舞的舞姿不同，前者是跳騰；後者則是飛速旋轉。

相關考古例子，可參考隋代官員虞宏墓中石槨的圖案。

北齊

67

黃釉盤口瓶

高度

25.5 公分

本品在器型與顏色方面，俱與西亞的金屬和玻璃製品相似。在陶器上施黃釉或綠釉是北齊的特色，其發展可能受外來器物啟迪，並對之作出回應。

此外，這種把鮮明顏色施加於器表之上的技術，也可能刺激了六世紀後半期北朝釉陶裝飾技術的發展，是往後盛行於唐代的三彩陶器之先驅。

相關器型，可見日本美秀美術館一件六至七世紀伊朗薩珊時期的金屬瓶；山西省壽陽庫狄迴洛墓中，出土了貼塑花卉帶蓋青釉尊；陝西省西安法門寺，亦出土了盛唐的盤口玻璃瓶。

北周／

68

素胎印走獸紋碗

直徑

12.6 公分

本品碗心有兩獸相鬥，近碗沿處有卷草紋圍繞，此碗的形狀可溯源至羅馬帝國的玻璃器，內底紋飾是啟發自西域的金屬製作工藝。本品可能仿自同時代進口的金屬器，代表物主對西方器物的欣賞。

北朝至隋唐時期，中國北方的陶瓷手工業取得長足進展，是歐亞大陸精英文化的重要參與者。當時，絲綢之路連接了從地中海地區至朝鮮的廣大地域，並以具有共同品味的奢侈品貿易為特徵。

在這充滿藝術創造性的時期，中國陶瓷器在器型和設計上多有創新，體現了對進口玻璃器和金銀器的回應。

美國紐約大都會博物館藏有一件北周青釉印走獸紋碗，紋飾與本品一致，疑出自同一模具。相關例子亦可見陝西省西安北周獨孤藏墓葬出土的印花青釉碗。

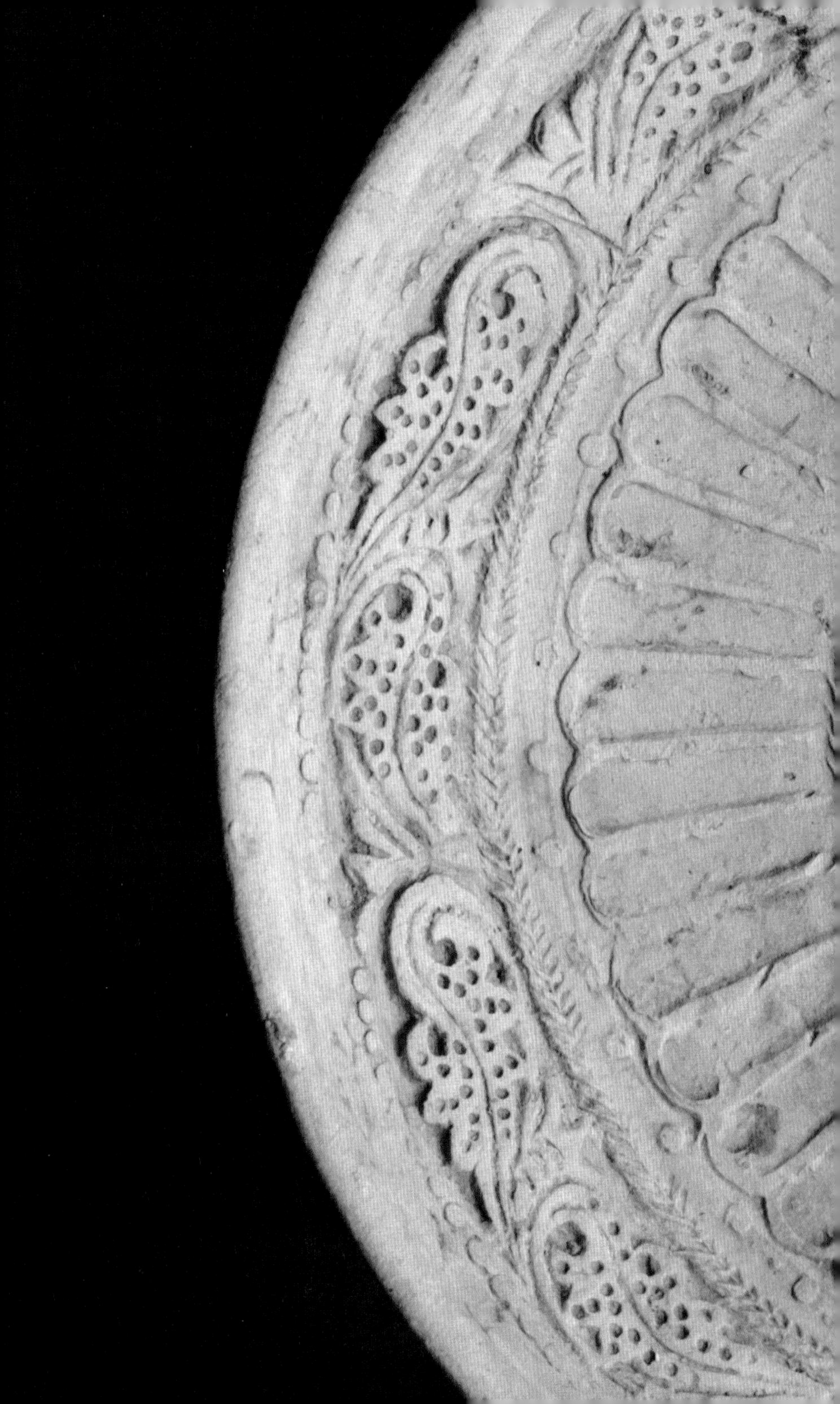

69
北齊／黃釉熏籠

70
唐／滑石熏籠

黃釉熏籠高度

7.8 公分

滑石熏籠高度

10.2 公分

熏籠乃熏衣之器，亦可兼暖手，流行於南北朝至隋唐時期，以陶、白瓷、滑石等物料所製。唐代王建《宮詞》有云：「內人恐要秋衣著，不住熏籠換好香。」此類器物一般又稱為香熏或熏爐，惟熏籠才是正式名稱。

相關例子可見陝西長安縣隋代豐寧公主與韋圓照合葬墓的綠釉熏籠，出土時裡面積存了逾十公分厚的香木灰，「團結成塊，灰白色，手捏之立成粉屑，微有香氣。」

隋至唐初／

71 邢窰白釉辟雍小硯

唐／

72 黑釉辟雍小硯

邢窰白釉辟雍小硯直徑

——

5.8 公分

黑釉辟雍小硯直徑

——

7.2 公分

辟雍是古代天子講學的地方，四面環水，象徵教化圓滿。《禮制．王制》：「大學在郊，天子曰辟雍，諸侯曰頖宮」。東漢蔡邕《明堂月令論》：「取其四面周水圜如璧，則曰辟雍。」《白虎通．辟雍》：「天子立辟雍何？所以行禮樂、宣德化也。辟者壁也，像璧圓又以法天；雍水，象教化流行也。」

辟雍硯模仿辟雍的設計，多見於南北朝至隋唐。本品兩件硯台居中，四周留有深槽儲水，是為墨池，供潤筆蘸墨之用。硯的下部以獸足承托，並飾有人面。

唐／

73 鎏金開元通寶

74 白銅開元通寶

75 月紋開元通寶

鎏金開元通寶重量

——

3.9 克

白銅開元通寶重量

——

4.22 克

月紋開元通寶重量

——

4.88 克

開元通寶的重要性，在於演變出新的十進制重量單位：錢。唐以前，中國行十二進制，以十二銖為半兩，二十四銖為一兩；而開元通寶每枚重二點四銖，一枚稱為一錢，十錢剛好一兩。

開元通寶初鑄於唐高祖武德四年（公元六二一年），工藝考究，錢文端莊沉穩，據傳為歐陽詢所書。「元」字首橫短小，次橫較長，一般左挑；「通」字辵部前三筆各不相連，略呈三撇狀，甬部上筆開口較大；「寶」字的貝部內為兩短橫，與左右兩豎筆不連。

《舊唐書．卷四十八》：「其詞先上後下，次左後右讀之。自上及左回環讀之，其義亦通。流俗謂之開通元寶錢。」錢文的順序本來是先讀上下，再讀右左，但亦有按順時針讀成「開通元寶」的。

月紋開元通寶錢背有一道半月形的隆起，相傳為文德皇后或楊貴妃的指甲痕，稱為「月形掐紋開元」，是盛唐到中唐流通的主要式樣。

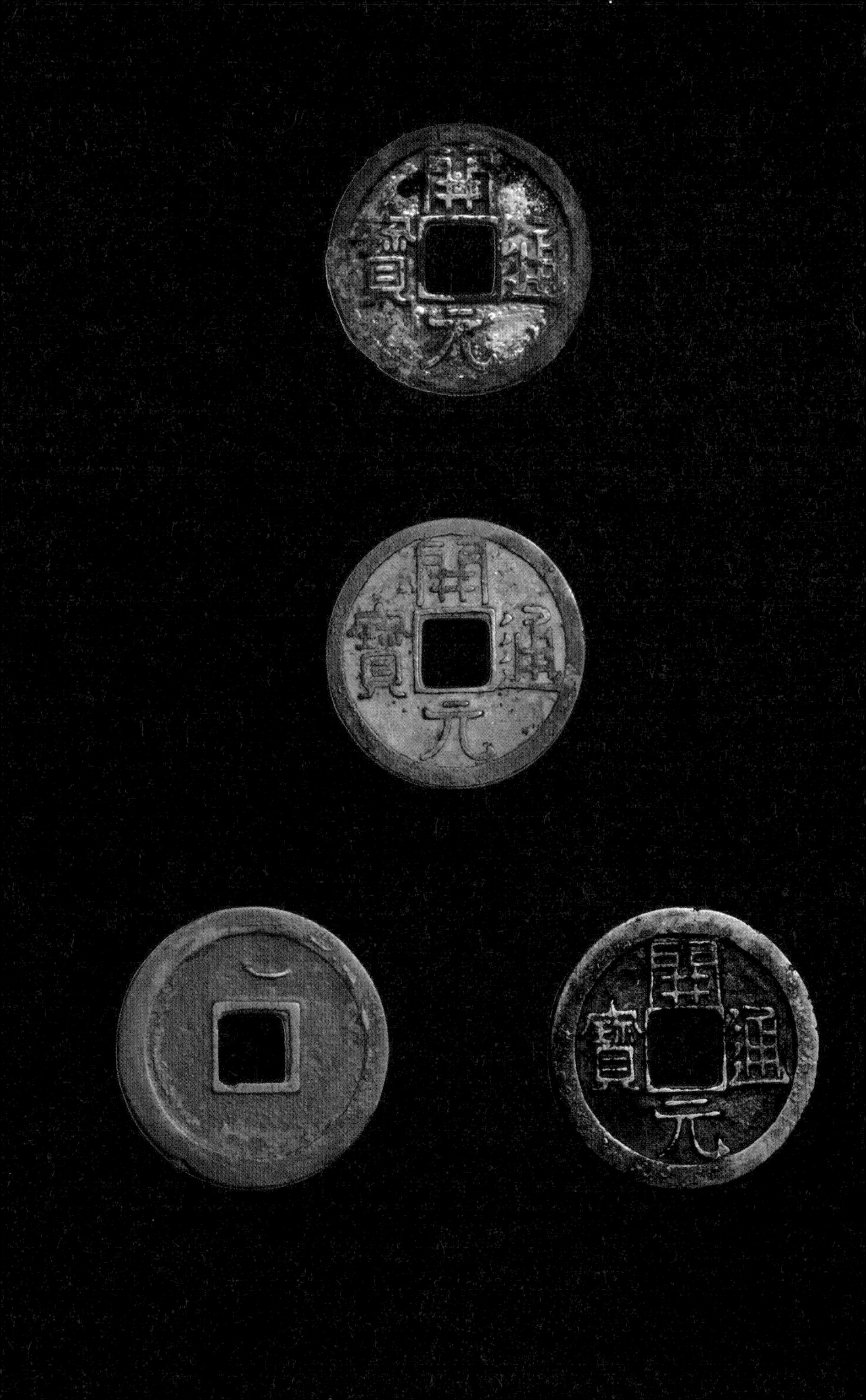
開元通寶
開元通寶
開元通寶

76

乾封泉寶

重量

4.8 克

乾封是唐高宗李治的第五個年號。高宗患病，命皇后武則天代理朝政，在泰山舉行封禪大典，改元乾封，並立「雙束碑」，暗示二人共治天下。

改元後，鑄乾封泉寶，「徑一寸，重二銖六分」，然而新錢「仍與舊錢並行，新錢一文當舊錢之十」（《舊唐書．卷四十八》），令百物騰貴，商賈不行。

次年，高宗下詔廢止新錢，前後流通僅八個月：「靜而思之，將為未可。高祖撥亂反正，爰創軌模。太宗立極承天，無所改作。今廢舊造新，恐乖先旨。其開元通寶，宜依舊施行，為萬代之法。乾封新鑄之錢，令所司貯納，更不須鑄。仍令天下置爐之處，並鑄開元通寶錢。」（《舊唐書．卷四十八》）

意即唐高祖鑄開元錢，在太宗貞觀盛世尚且未改，自己卻鑄新錢取而代之，恐違天意，便即令收回新錢，復行開元通寶。

乾封泉寶

回鶻／

77
「日月光金」錢

重量

4.98 克

回鶻（回紇）最初是居於蒙古高原的遊牧民族，南北朝時期是高車族六大部落之一。從北魏到唐朝，他們先後臣服於鮮卑、柔然、突厥，後來獨立建國，唐初稱回紇，後改為回鶻，取「捷鷙猶鶻然」之意，即如鶻鷹般輕捷勇猛。回鶻是現今新疆維吾爾族及甘肅裕固族等族的祖先。

公元七六二年，回鶻牟羽可汗曾出兵助唐平定安史之亂。而摩尼教乃回鶻的國教，又稱作明教，源自古代波斯祆教（拜火教），為公元三世紀中葉波斯人摩尼所創立。其教義認為，在世界本源時，存在著兩種互相對立的世界，即光明與黑暗，而摩尼教信徒尊崇日月星辰。

據學者林梅村考證，「日月光金」錢是回鶻錢幣。錢上銘文除了正面的漢文外，背面為草體的突厥魯尼文，逆時針方向為太陽（日）、金星（金）、光明（光）及月亮（月），可知與回鶻信仰摩尼教有關。

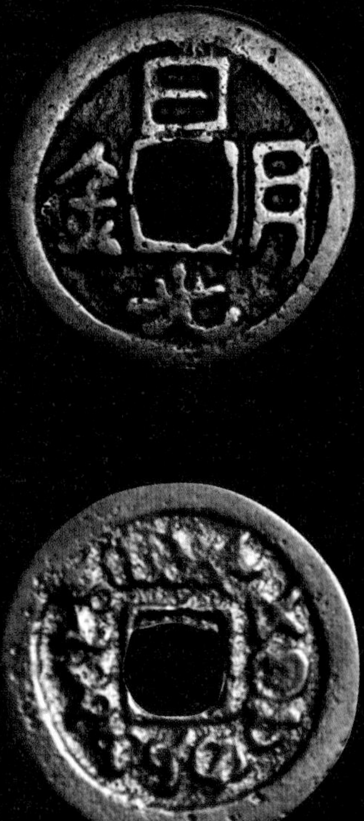

唐

78

豹斑石蓮花碗

直徑

9.5 公分

本品呈蓮花形，碗口、身及足皆雕作八瓣，樣式與當時金銀器的蓮花杯相似。

豹斑石是一種密度比較低的材料，較易雕塑，且石質斑紋美觀，為當時上層階級選用。以豹斑石製作的器皿在洛陽、西安等地區的墓葬時有發現，於河北、山西等地亦曾出土。相關例子可見西安何家村窖藏的金質蓮花碗，現藏陝西歷史博物館。

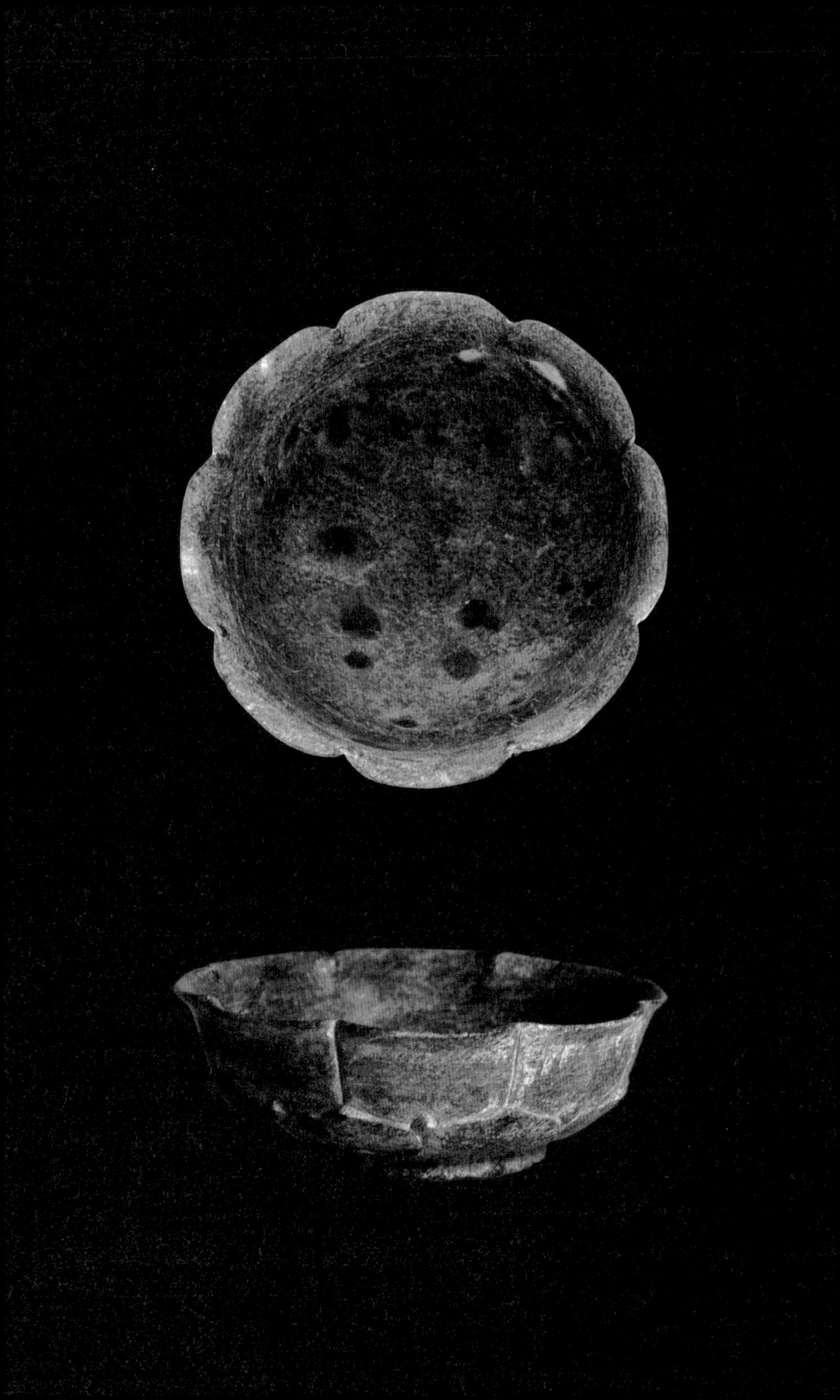

79

唐

豹斑石載猴駱駝紙鎮

長度

11.6 公分

高度

6.7 公分

隋唐以前，人們席地進行日常起居，使用席子時，會用石、玉、銅等材料的鎮子壓住席角。隨著座椅取代席居，席鎮即改換用途，成為文房用品之一的紙鎮。

猴子騎駱駝的形象最初源自印度及伊朗，隋唐時經由絲綢之路傳至中土。另一方面，自漢代以來，中國已有在馬廄飼養猴子的習俗，認為猴子能騷擾馬匹，令牠們不容易生病。漢代亦曾以猴子騎馬的形象，寓意「馬上封侯」。

盛唐的對外貿易主要依賴駱駝和馬匹，加上中國早有猴子騎馬的典故，為猴子騎駝這一西域形象賦予中國本土的內涵。

北京故宮博物院藏有一件銅製臥駝硯滴，底有「大唐時貞觀元年」，與本品形態相若。

唐

80

灰陶十二峰硯

闊度

15.4 公分

本品乃仿照巫山十二峰捏塑而成。巫山景色秀奇，變幻莫測，為文人雅士所愛，唐詩如李涉《竹枝詞》：「十二峰頭月欲低，空聆江上子規啼。」劉禹錫《松滋渡望峽中》：「十二碧峰何處所，永安宮外是荒台。」李端《巫山高》：「巫山十二峰，皆在碧虛中。」李商隱《楚宮二首・其一》：「十二峰前落照微，高唐宮暗坐迷歸。」等，皆以十二峰入詩。

有關十二峰陶硯的時代考證，在陝西省的唐代長安城西市遺址中，曾出土兩件形制接近、大小相似的深灰色山巒形陶硯；西安市西郊中堡村一座唐墓，亦出土了一件由山巒和水池構成的山池雕塑，從整體造型的相似，可推斷十二峰陶硯應為唐代產物。

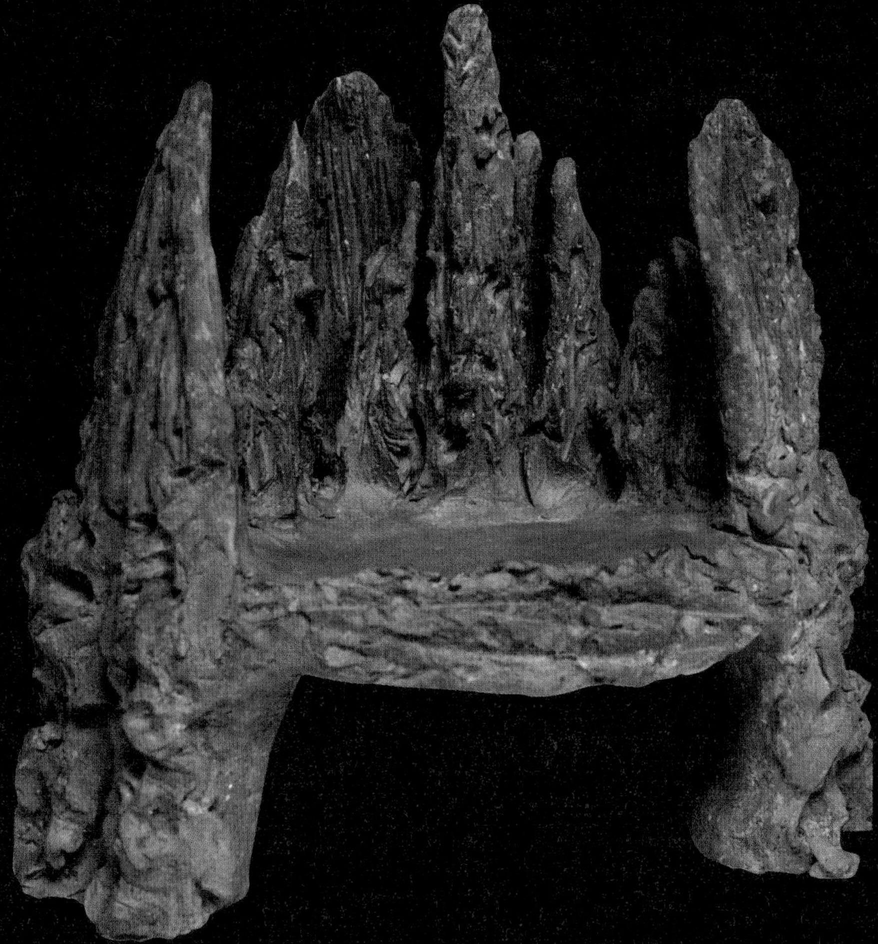

唐／

81

澄泥陶箕形硯

長度

11.6 公分

唐人製造的澄泥硯，據說是把汾河的細泥用絹袋淘洗後作為原料，以山西絳州所產的最為著名。

本品陶質幼滑細膩，作箕形，且硯內有殘餘遺墨，足見曾為古人所用。

唐

82

白釉貼花雙龍柄壺

高度

43公分

本品產自河南鞏縣，器身施以白釉，乃後世白瓷的先驅。壺口貼有獅首，壺身另有貼花，具中亞特色，可與古希臘的雙耳壺（amphora）作比較。壺口至壺肩置左右各一龍首弧形握把，是唐代陶瓷常見的器型，主要流行於初唐至盛唐，從七世紀至八世紀前半。

關於雙龍柄壺的器型，或說由六朝的雞頭壺演變而來，或說受到希臘及羅馬文化的影響。在目前少數考古例子當中，出土有雙龍柄壺的墓葬，其墓主身份普遍不低，但亦包括終身無任何官銜的張思忠夫婦墓。

83

唐／

三彩盤口瓶

高度

15 公分

唐代彩陶釉色多樣，包括淺黃、赭黃、淺綠、深綠、天藍、褐紅、茄紫等，但主要以黃、綠、白三色為主，稱為「三彩」，泛指唐代彩陶。三彩陶器一般作為陪葬品，但亦不排除部分器皿會於日常生活中使用。

一九〇五年，為改善中國西部交通，清政府開始修築隴海鐵路，開闢經洛陽城北的邙山地區。邙山乃漢唐以來著名的墓葬區，在修築鐵路的過程中，發現了大量唐代墓葬，包括唐三彩的陪葬品。

至一九〇七年，北京琉璃廠的古玩商從河南帶回數件唐三彩俑，名學者羅振玉得悉，如獲至寶。第二年春天，商人遵照羅振玉之囑，又帶回一批唐三彩，羅氏以重金購下。後來除了洛陽外，陝西地區亦屢有發現唐三彩器物。

本品樣式仿自西域金屬器物，證明唐代絲路文化交流之頻繁。

唐／

84

藍釉小杯一對

每件直徑

——

5.6 公分

唐三彩的燒製技巧繁複，部分釉彩更要放入窰內二次燒製，才能達成效果，而加入鈷（cobalt）使器物呈現藍斑的作品，更是稀有瑰寶。

鈷藍為波斯進口的珍貴顏料，飾以鈷藍釉的器物多為社會上層所用。當時，波斯商人透過絲綢之路把鈷藍帶至中土，讓中國的陶瓷工匠燒製藍釉器物。唐代的藍釉器物在中國陶瓷史上有特殊地位，間接啟發數百年後自元代以來青花瓷器的蓬勃發展。

鈷藍因產自伊朗的蘇麻尼鎮，在後世又被稱作「蘇麻尼青」。

唐

85 黃釉絞胎洗

86 黃釉絞胎三足盤

黃釉絞胎洗直徑

13.3 公分

黃釉絞胎三足盤直徑

13.7 公分

本品兩件以絞胎為裝飾，即將深淺不同顏色的陶土糅合在一起，相絞拉坯，再施以黃釉。這種紋飾，可能源於近東地區的旋渦紋玻璃製品或石質器皿。

三足盤的器型源自西方，特別是古羅馬或拜占庭帝國的金銀器。而黃釉絞胎洗的「洗」為「筆洗」的簡稱，即供洗滌毛筆之用的文房器具，其紋飾設計應仿自擁有天然奇特紋理的石質。

唐

87

褐釉龍柄執壺

高度

20.8 公分

本品胎體呈深褐色，釉與胎體之間加了一層白色化妝土，讓深色的胎體不致影響釉本來的顏色。

本品產自晚唐的南方地區，壺柄被塑造成螭龍張口銜於壺沿，風格奔放自然，壺柄的設計可追溯至唐代初年的雙龍柄壺。類近例子則可參考河北邢窰的白釉獅柄執壺，現藏北京故宮博物院。

88

唐／陶加彩宦官俑

高度

36.6 公分

本品頭戴襆頭官帽，身穿長袍，腰繫帶，雙手拱於胸前，面部表情呈陰險狡詐之相，生動地表現了唐人對宦官的形象。

終唐一代，宦官得寵者無數，除玄宗時忠心耿耿的高力士，更有獲肅宗封王的李輔國，及代宗時權傾一時的魚朝恩等人。

類似宦官俑可參見一九七三年吐魯番阿斯塔那二〇六號墓，出土了數件木製的宦官俑，表情與本品極為相似，推測為當時表演戲劇用的木偶。

89

唐／陶加彩大食人俑

高度

27.6公分

本品頭戴尖頂帽，長臉，深目高鼻，滿鬢鬍鬚，穿著豎領窄袖阿拉伯人服飾，足踏長筒靴，與《新唐書》所載：「男子鼻高，黑而髯」相合。

大食（Tazi），是波斯語音譯，是唐朝對信奉伊斯蘭教的阿拉伯帝國（公元六三二至一二五八年）的專稱。唐高宗時，大食人打敗波斯帝國，佔領了伊朗高原，並於永徽二年（公元六五一年）向唐遣使朝貢。之後，兩國通過絲綢之路交往日益頻繁。許多大食商人往來於陸路與海路與中國貿易，並開始在西安、廣州、泉州等地定居，其聚居處名為「蕃坊」。

當時大食帶來中國的有香料、糖、珠寶、玻璃器皿、樂器，以及各種以「胡」字命名的食物、音樂及舞蹈；並且帶回中國的瓷器及各種工藝，而中國發明的火藥、指南車及造紙術，更因而西傳，並對西方文明產生深遠的影響。

唐

90

陶加彩胡人俑

高度

27.5 公分

本品胡人推測來自粟特，即今烏茲別克。粟特人擅長鑒定商品，很多以中轉貿易為生，從中土採購大受西域歡迎的絲綢，從西域則帶來體積小而高價的珠寶，如瑪瑙、珍珠等。奴隸和牲畜也是粟特人的主要商品，除營商買賣外，他們甚至會放高利貸，靠利息賺取了大量財富。

唐代著名的粟特人，包括「安史之亂」的始作俑者安祿山、史思明，反映胡人在唐室勢力之大。

高度

16.2 公分

91

唐

陶加彩崑崙奴俑

唐代首都長安，是當時全球最繁華的國際大都會，擁人口百萬，雲集了來自亞、歐、非各洲的外邦人。

本品陶俑濃眉捲髮、寬鼻厚唇，乃從事雜耍為生的崑崙奴形象。關於崑崙的所在，據《舊唐書．南蠻傳》載：「自林邑以南，皆卷髮黑身，通號為崑崙。」林邑是一個古代國家，大約位於今日越南中部，即崑崙可指東南亞一帶。此外，也有另一種說法認為崑崙所指的是非洲。

唐

92

陶加彩男舞俑

高度

5.5 公分

本品小巧精緻，頭束髮髻，五官以墨線勾畫，面上塗有胭脂，歪頭合掌，舞姿生動。

唐代的舞蹈糅合了大量西域元素，唐人以此向各國展示其兼容並包的文化特質，宮廷亦設置了教坊管理樂舞等事宜。到了盛唐，唐玄宗更設立了梨園，專事歌舞的排練和演出。

類似例子可見陝西省西安市土門村出土、現藏北京故宮博物院的一對紅陶男舞俑。

唐

93

黃釉馬首人身俑

高度

30.5 公分

本品出自唐代墓葬，身穿廣袖長袍，昂首前視，拱手而立，應為隨葬十二生肖俑之一。

以十二生肖隨葬的歷史，可追溯至魏晉南北朝，十二生肖俑代表十二地支，把它們分配在主墓室周圍，棺木則置於中央，象徵十二地支與黃道十二宮的對應，從而增強墓裡空間的力量。

唐

94

灰陶加彩駱駝

長度

26.6 公分

高度

28.5 公分

唐代中西貿易頻繁，駱駝乃陸上絲綢之路必不可少的交通工具。

本品出自唐代墓葬，雙峰上的貨物披著獸面，學者認為是虎的形象。在中國神話中，白虎為四象之一，代表西方，而西方亦可解作死者的歸處（歸西）。在這個層面上，駱駝除了負載貿易商品外，更蘊含一種精神作用。

唐

95

魯山窰黑釉白斑罐

高度

19.6 公分

魯山窰為古代著名民間窰場，位於河南魯山縣段店，在唐代發展鼎盛，工匠利用釉中含鐵量的不同，燒製出各種色調的花釉瓷，聞名天下。

唐代南卓所撰的《羯鼓錄》中，有「不是青州石末，即是魯山花瓷」的記載，學者以此為線索，在魯山窰址發現花釉腰鼓碎片，從而證實魯山窰是唐代花瓷的主要產地。

本品以黑釉為底層，工匠看似隨意地灑上藍白斑紋，自然生動，甚具現代藝術的韻味，堪與美國藝術大師波洛克（Jackson Pollock, 1912–1956）的作品互相輝映。

唐／

96

長沙窰團花紋杯

唐末至五代／

97

北方窰系白釉紅斑小提籃

長沙窰團花紋杯直徑

——

7.7 公分

北方窰系白釉紅斑小提籃高度

——

5.2 公分

釉裡紅是一種很難燒製的瓷器，因為銅紅料只有在特定的溫度下，才可燒成鮮豔的紅色。中國首件以釉裡紅作為紋飾的瓷器，可追溯至公元九世紀的晚唐，由湖南長沙窰出產。

另外，一小批公元十世紀產自華北地區的白釉器物，亦應用了釉裡紅技法，或許正是這一類器物，開啟了宋代河南鈞窰紅斑的風格。

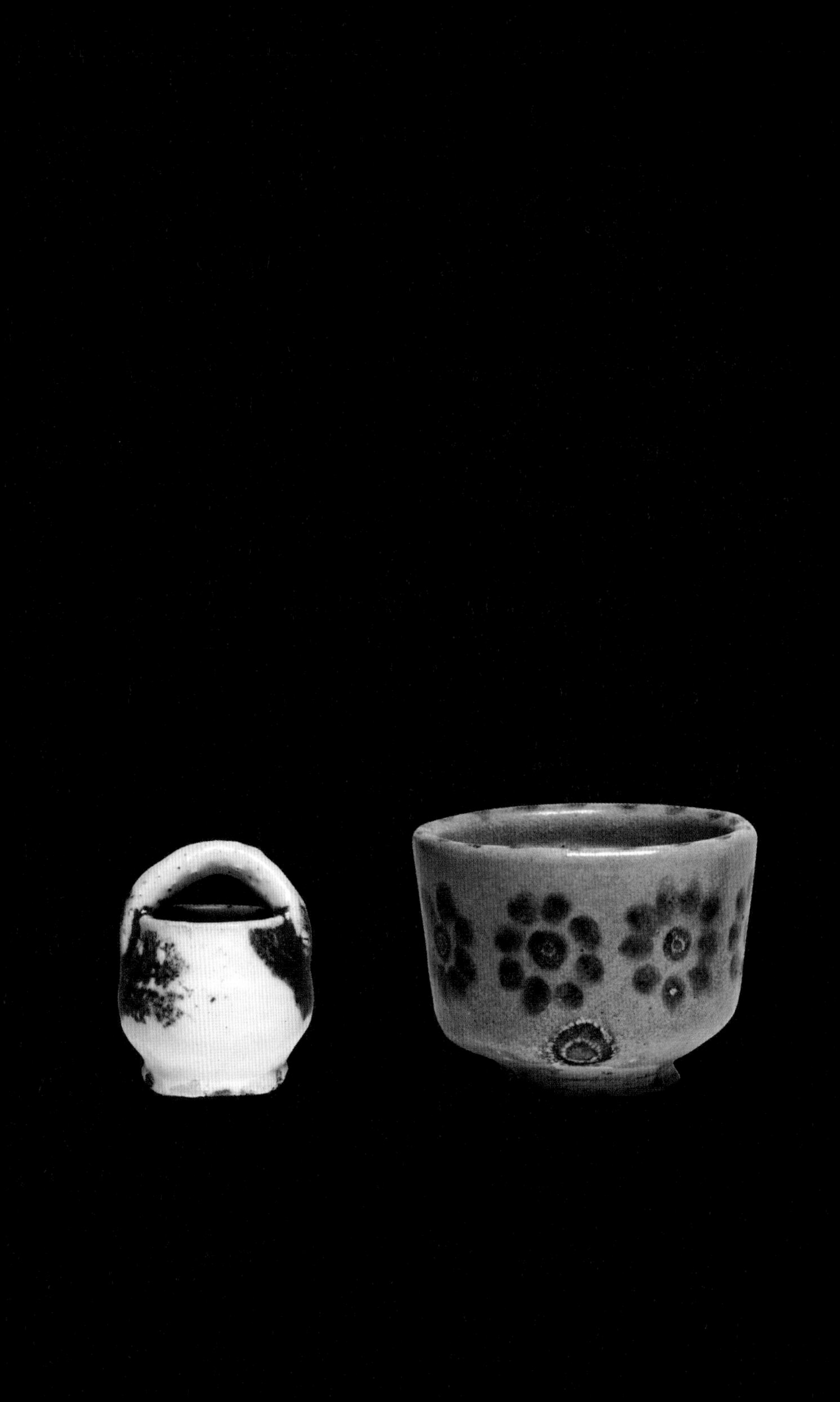

98

唐

鞏縣窰白釉葫蘆瓶

高度

11.7 公分

葫蘆是道教的代表物品，常常被描寫成裝有靈丹妙藥，葫蘆中別有洞天福地，只有神人能穿梭其中。連史書也不乏這類傳說，見《後漢書．方術列傳下》：「費長房者，汝南人也。曾為市掾。市中有老翁賣藥，懸一壺於肆頭，及市罷，輒跳入壺中。」晉代葛洪寫《神仙傳》時，更把賣藥老翁改成「壺公」，令葫蘆與道家更緊密地連在一起。

由於唐代統治者的推崇，道教發展順利，以老莊的自然天道觀為主，講求靜坐、養氣、煉丹、服丹、符籙驅邪，達至長生不老，得道成仙。而葫蘆作為道教的重要象徵，壺中天、壺公等故事亦大行其道。

99

唐／

邢窰白釉小器皿三件

蓋罐高度

5.2 公分

執壺高度

6.3 公分

執壺高度

5 公分

唐代的瓷器生產，形成「南青北白」的格局，北方以邢窰的白瓷為代表，「類銀類雪」；南方則以越窰的青瓷為代表，「類玉類冰」。

唐代詩人皮日休《茶中雜詠．茶甌》有云：「邢人與越人，皆能造瓷器。圓似月魂墮，輕如雲魄起。」描寫了邢窰與越窰高超的製瓷工藝。

本品三件因體積太小，似非實用器皿。有西方文物專家曾大膽假設，它們是同款較大器皿的銷售樣品。

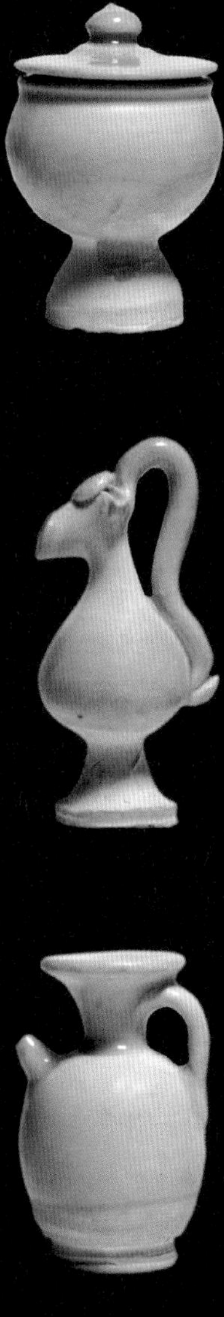

唐／

100

邢窰白瓷盞

唐末至五代十國／

101

越窰青瓷葵口盞

邢窰白瓷盞直徑

——

15 公分

越窰青瓷葵口盞直徑

——

14.8 公分

唐人陸羽被封為「茶聖」，其所撰的《茶經》是世界第一部講茶的專書。《茶經》凡十篇，七千餘言，分述茶的起源、歷史、產地、鑒別、工具、製茶、煮茶、飲茶之法等。經過陸羽的努力，飲茶成為中國人日常生活的重要部分。

唐以前，主要的飲茶方法是煮飲，陸羽以此為基礎，改成煎茶法，程序大致為炙茶、熱搗、研末、煮水、煎茶、酌茶等。

陸羽在《茶經．四之器．碗》云：「若邢瓷類銀，越瓷類玉，邢不如越一也；若邢瓷類雪，則越瓷類冰，邢不如越二也；邢瓷白而茶色丹，越瓷青而茶色綠，邢不如越三也。」他認為，茶碗以浙江越窰的青瓷為上品，邢窰的白瓷次之。越窰主要燒製青釉瓷器，越窰瓷青，可增強茶湯的綠色。

五代十國／

102

耀州窰青釉盞

直徑

13 公分

五代的耀州窰以青瓷為主，兼燒少數黑釉、醬釉、白釉綠彩等器物。

本品胎體呈黑灰色，為了使較黑的器胎不影響青瓷的外觀，工匠在器胎外先施了一層白色化妝土，再施青釉。施釉的部位不僅為通體內外，還包括整個底足，稱為「裹足釉」，即以釉裹足之意，只留下三處支燒*痕跡。這種裹足支燒的技法影響了往後北宋晚期的汝窰瓷，獲統治者的青睞。

過往曾出土底部刻有「官」字款的類似器物，證明部分成品曾上貢宮廷。

*為免器物在燒成後底部的釉黏著匣缽，燒製時用支釘撐在匣缽與器物之間，稱為支燒。

103

北宋

磁州窰黑釉葫蘆雙耳小瓶

高度

10.3 公分

宋代，儒學借鑒了佛道兩家的思想，發展成一套新的理學。北宋理學的創始人之一周敦頤著《太極圖說》，闡述了一個以陰陽五行為骨幹的宇宙觀，為理學的發展奠下基礎。

道家的陰陽觀念隨著理學的研究日益完善，而葫蘆作為道家的標誌物，葫蘆瓶於宋代大量流行，應與當時的思想文化背景有關。

陸游《劉道士贈小葫蘆》其中兩首有云：「貴人玉帶佩金魚，憂畏何曾頃刻無！色似栗黃形似繭，恨渠不識小葫蘆。」「短袍楚制未為非，況得藥瓢相發揮。行過山村傾社看，絕勝小劍壓戎衣。」富人即便佩帶用黃金做成的小魚，也比不上帶著小葫蘆的農夫讓村民羡艷，可見宋人對葫蘆的喜愛。

北宋／

104 崇寧通寶小平錢

105 崇寧通寶折十錢

106 大觀通寶小平錢

107 大觀通寶折十錢

崇寧通寶小平錢重量

3.91 克

崇寧通寶折十錢重量

13.19 克

大觀通寶小平錢重量

3.41 克

大觀通寶折十錢重量

17.4 克

宋徽宗趙佶並非明君，卻是一位優秀的藝術家，詩、書、畫皆精，並獨創了「瘦金體」書法，本品兩款銅錢的文字即其御筆。

崇寧（公元一一〇二至一一〇六年）是徽宗第二個年號，意思是追崇熙寧之道。徽宗復行其父神宗熙寧年間的王安石變法，卻錯任貪官蔡京為相，蔡京以恢復新法為名，多次變更錢法，從中掠奪百姓。

大觀（公元一一〇七至一一一〇年）為徽宗第三個年號，取自《易經》觀卦：「大觀在上，順而巽，中正以觀天下。」另一種說法，相傳有人夜裡觀看彗星掠過，徽宗認為彗星出現乃吉祥之兆，遂改元大觀。

大觀通寶
崇寧通寶

108

青白釉爐

北宋

高度

9.7 公分

南宋《夢粱錄》記載，當時京師有四百四十行，賣瓷器的稱「青器行」或「青白瓷鋪」。青白瓷質地精良，釉色優美，透光性能好，釉色介於青白之間，恍似玉的精瑩通透。

南宋洪邁亦讚：「浮梁巧燒瓷，顏色比瓊玖。」意指景德鎮精於燒製陶瓷，顏色可比美玉。北宋女詞人李清照《醉花蔭》：「薄霧濃雲愁永晝，瑞瑙銷金獸；佳節又重陽，玉枕紗櫥，半夜涼初透。」當中所指的「玉枕」，正是當時流行的青白釉瓷枕。

本品的高足杯式爐，是北宋時期的常見品種，南北兩地均有燒製，以至宋徽宗的宮廷亦見其蹤跡，參見宋徽宗繪《聽琴圖》裡出現的香爐。

北宋

109

磁州窰白釉碗

直徑

19.1 公分

一九一八年，河北省邢台巨鹿縣遭遇大旱，民眾挖井時無意中發現一座被淹沒的遺蹟，正是北宋大觀二年（公元一一〇八年）因黃河氾濫而長埋地下的鉅鹿古城，從中出土了許多白釉、黑白及剔刻花風格的器物。很多文物後被輾轉出售至北京琉璃廠，最後傳到歐、美、日等地藏家的手中。

這批於巨鹿縣出土的磁州窰瓷器當中（包括本品），很多在釉裡帶有土沁斑，乃長期埋在土壤裡造成的。

北宋

110

當陽峪窰白釉跳刀紋小罐

跳刀，即把坯體置於陶車上，高速轉動時以修坯刀接觸坯體表面，刀身遇阻力跳動，刻出有規律的痕跡，再上釉燒製。此種裝飾技法工藝精巧，河南扒村窰、窰溝窰、段店窰及鄰近焦作的山西窰場也有燒製，惟以當陽峪窰的工藝最精。

本品體積雖小，然器身刻紋佈局均勻一致、平衡深峻，乃精巧之品。

高度

3.2 公分

111

北宋／

當陽峪窰白釉黑花小件一組八件

提籃直徑	執壺高度
4.1 公分	5.4 公分、4.6 公分
大碟直徑	**小碟直徑**
9.4 公分	6.1 公分、7.5 公分
水盂直徑	**小碗直徑**
4.8 公分	5.5 公分

當陽峪窰是河南北部規模較大的一處民間窰場，約始於北宋初年，宋金兩代為其黃金期，元代後走向衰落。

本組小品在白色器身上繪有黑彩，顏色對比強烈，具藝術感，應為玩具或文房用品，如小水注、水盂等。

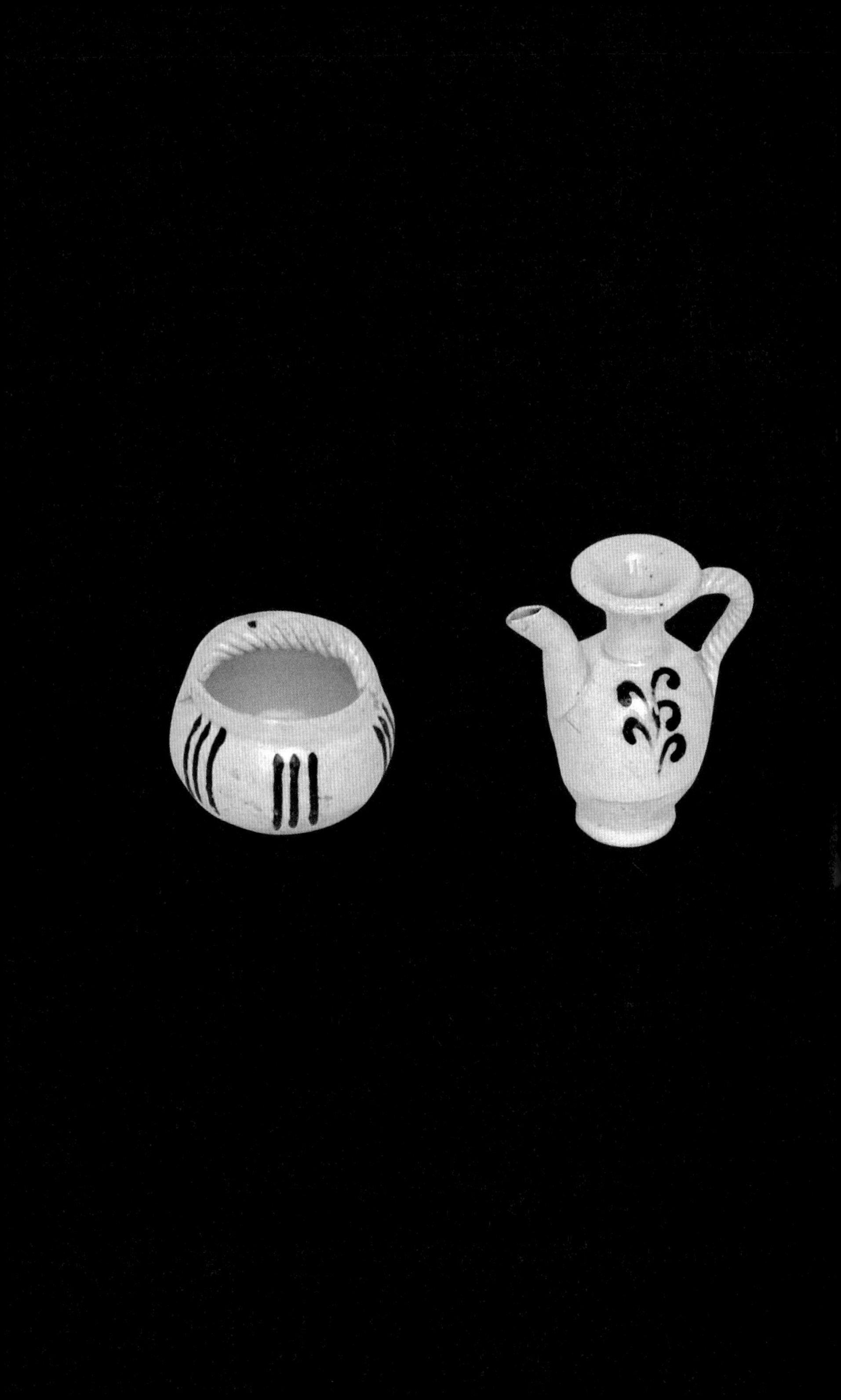

112

宋／葵口銀碟一對

直徑

10 公分

直徑

10.5 公分

本品一對皆平底淺腹，素身花口。相同類型的銅碟曾於遼寧省朝陽北塔出土，河北定窰、江西景德鎮窰等皆有生產款式類似的瓷器。

宋人追求優雅，將大自然各樣景物融入生活，常把日常器皿塑造成花的形態。與本品相類的葵口碟亦有以漆器製作，反映這樣式深受當時上流社會青睞。

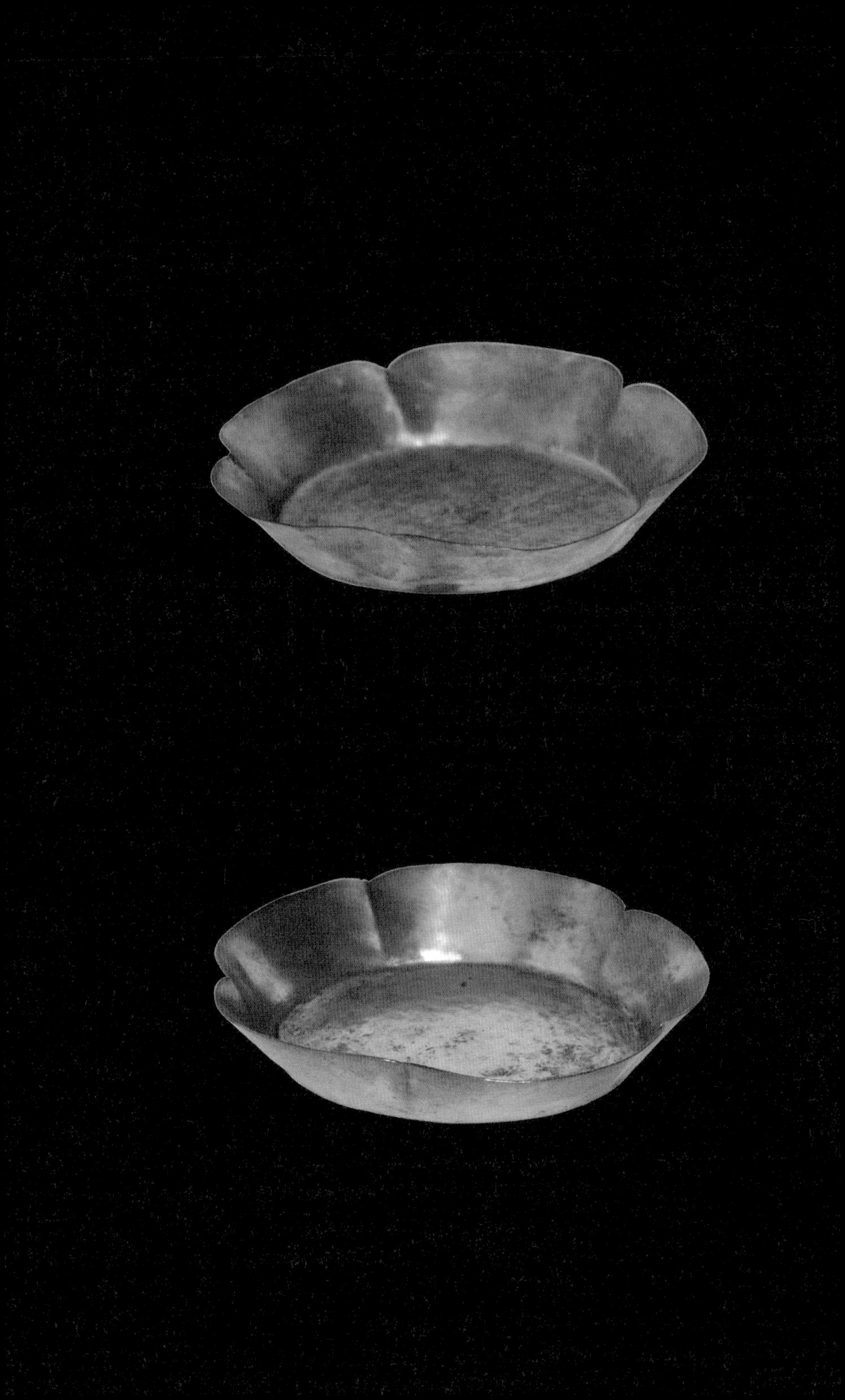

113

宋／銀葵口碗

直徑

12.2 公分

本品碗心刻有蓮花紋，碗沿飾花卉紋，類似器型亦見於同時代景德鎮的青白釉瓷器。

宋代經濟蓬勃，金銀器手工業興盛。南方的江蘇、浙江地區自西漢以來就是金銀器的重要產地，然而宋代金銀器主要從朝廷要員、地方巨富、世家豪族的墓中出土，可見並未進入尋常百姓之家。

孟元老《東京夢華錄》載：「凡酒店中不問何人，止兩人對坐飲酒，亦須用注碗一副，盤盞兩副，果菜碟各五片，水菜碗三五隻，即銀近百兩矣。」這描寫了北宋首都汴京（開封）的奢華一面，只是兩人對飲，已用上各式各樣的銀製碗盤盛放食物，單是這些銀器的重量已近一百兩。

而南宋首都杭州亦毫不遜色，可見《武林舊事》：「和樂樓、和豐樓……已上並官庫，屬戶部點檢所，每庫設官妓數十人，各有金銀酒器千兩，以供飲客之用。」當時設有官妓的官設酒樓，每所都有金銀酒器共千兩，供貴賓使用。

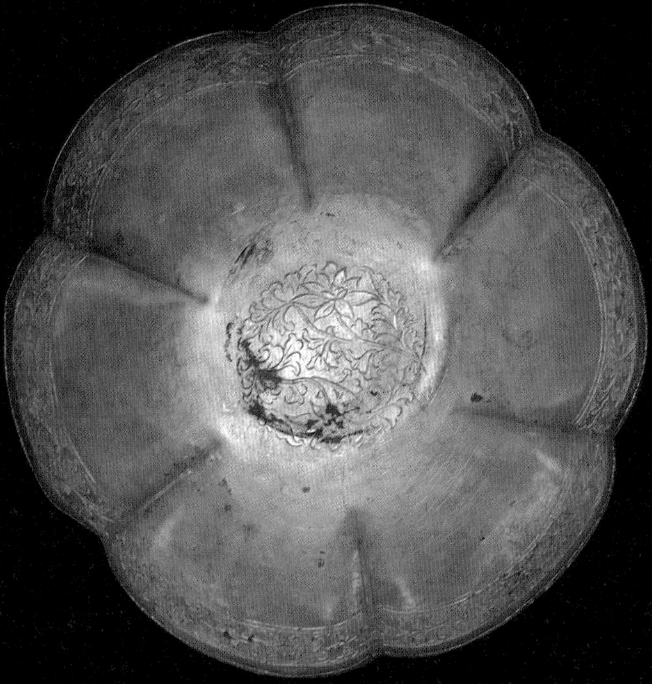

宋／

114 銅直頸瓶

115 銅弦紋瓶

銅直頸瓶高度

——

14 公分

銅弦紋瓶

——

15.5 公分

北宋以前，銅瓶一般作汲水、溫酒之用。到北宋末至南宋，則盛行以之插花、養花，把花卉引入文人空間。這類以銅或陶瓷製的花瓶，有膽瓶、四方瓶、觚形瓶等，有宋人創新的類型，亦有仿古形制，最早可追溯至西周初年的青銅觶，是一種酒器。宋代文人雅士好古成風，保留其設計，但將用途改作花器，或放置茶道用具的匙或箸。

南宋楊萬里《瓶中梅杏二花》：「折來雙插一銅瓶，旋汲井花澆使醒。紅紅白白看不足，更遣山童燒蠟燭。」折下梅花杏花，雙雙插入花瓶，紅白互相襯托，別有一番韻味。

南宋劉過《沁園春·贈王禹錫》亦有「自注銅瓶，作梅花供，尊前數枝」句，反映當時社會以銅瓶插花的風尚。

銅瓶多在四川地區出土，相關例子可見四川遂寧窖藏的系列銅瓶。

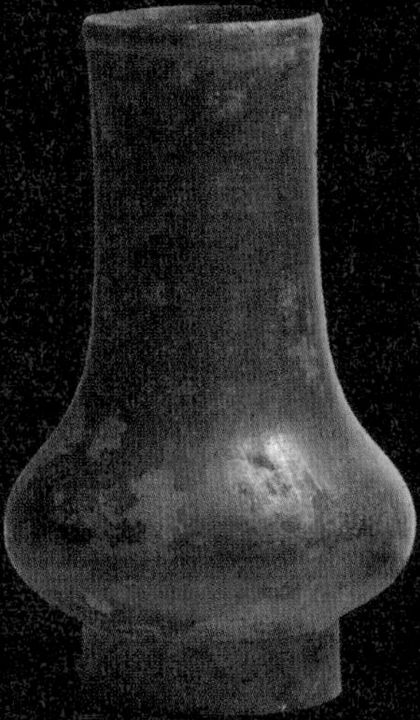

北宋／

116 素胎儀魚

117 青白釉褐斑儀魚

素胎儀魚長度

9 公分

青白釉褐斑儀魚長度

9.7 公分

元代張景文《大漢原陵秘葬經》載，公侯卿相之墓會於棺木東側擺放「儀魚」，據學者研究，即《宋會要輯稿》記宋真宗永定陵中的鯢魚：「添造……仰觀、伏聽、清道、嵩里老人、鯢魚各一。」

這類人首魚身的陪葬俑多見於唐墓，一直到北宋仍有發現，如江西省彭澤劉宗墓就曾出土兩件，一作魚形，一作人首魚身，分別置於墓室左右的壁龕中，年代為宋仁宗慶曆七年（公元一〇四七年）。

唐人段成式於《酉陽雜俎》中對鯢魚如此描寫：「鯢魚，如占，四足長尾，能上樹。天旱輒含水上山，以草葉覆身，張口，鳥來飲水，因吸食之，聲如小兒。」意即鯢魚具有四足及長尾，能在樹上生活，發聲如同小兒。

118

白釉嬰孩小像

北宋至金

高度

8公分

「摩睺羅」，是嬰孩型的陶瓷玩具或吉祥物，宋人稱為「泥孩子」，是七夕節的重要陳設，寄託婦女「乞子」的心願。而本品手持蓮蓬，則寓意多籽（「子」），表達了物主求子的祝願。

宋《東京夢華錄》記載東京（汴梁）每逢七月初六、初七晚，市民們都喜歡在自家的門庭搭建一個袖珍綵樓，名為「乞巧樓」，目的就是為了放置購置的「摩睺羅」。

其實唐代已有「摩睺羅」，當時大都市的廟宇寺院裡就有使用「摩睺羅」的形象，寄託情感，驅邪納福。《酉陽雜俎》續集卷五《寺塔記．上》記載道政坊宣應寺「王家舊鐵石及齊公所喪一歲子，漆之如摩睺羅，每盆供日出之。」盆供日，即於七月十五中元節，「具百味五果以著盆中，供養十方大德」。這從一個側面說明了「摩睺羅」與宗教祭祀的關係。

遼

119

黃釉雞冠壺

高度

25 公分

本品壺身呈扁圓形，柄如雞冠，是模仿契丹族的傳統皮囊燒造而成，壺身有模仿皮革線條及皮扣的痕跡。

遼代陶瓷上承唐代的顏色釉陶，並受同期宋代的瓷器設計所影響。

西夏／

120 天盛元寶小平銅錢

121 皇建元寶小平銅錢

122 光定元寶小平銅錢

123 乾祐元寶小平鐵錢

天盛元寶重量

——

3.1 克

皇建元寶重量

——

3.5 克

光定元寶重量

——

3.7 克

乾祐元寶重量

——

3.37 克

西夏立國近二百年，與宋遼金鼎立，乃中國西北一個由黨項族建立的政權，人口主要為黨項族和漢族，還有吐蕃、回鶻等。西夏手工業發達，有製瓷、冶煉、皮革、釀酒等行業。

西夏建國後，開始鑄造本國貨幣。以文字區分，有西夏文及漢文錢兩種；而在材質方面，則分為銅、鐵錢。西夏錢大多製作精美，反映其經濟文化水準之高。

天盛元寶
皇建元寶
光定元寶

124 北宋／建窯黑釉兔毫斗笠盞

125 南宋／建窯黑釉兔毫盞

直徑——13.8 公分

直徑——11.8 公分

宋代蔡襄《茶錄．茶盞》有載：宋代點茶方式產生的泡沫為白色，故黑色的茶盞更能襯托茶色。在眾多窰口中，以福建建陽窰所生產的兔毫紋盞最為著名。因胎質厚重關係較難冷卻，可維持茶的溫度，此優點為其他地方包括景德鎮生產的青白釉茶盞所不及。

而宋徽宗《大觀茶論．盞》有云：「盞色貴青黑，玉毫條達者為上，取其煥發茶采色也。底必差深而微寬，底深則茶直立，易以取乳；寬則運筅旋徹，不礙擊拂。然須度茶之多少，用盞之大小。盞高茶少，則掩蔽茶色；茶多盞小，則受湯不盡。盞惟熱，則茶發立耐久。」

自宋代起，來華的日本僧人也把中國寺院的喝茶文化帶回東洋，並稱建盞為「天目碗」，即來自浙江天目山的茶盞，惟他們未知此等茶盞大多產自福建。日本室町時代相阿彌《君台觀左右帳記．土物類》記載了足利將軍家藏的各種陶瓷，各條目下方還記載了相阿彌以實際價錢來評比鑑賞等記事，可見日本的貴胄對來自中國的茶盞之推崇。

南宋

126

龍泉窰青釉印菊花紋盒

直徑

9.3 公分

本品為文房用的印泥盒，印有菊花圖案。

位於浙江的龍泉窰，歷史從南朝至清代，長達一千五百年，於南宋至元明最為鼎盛。特別是南宋時期，龍泉窰的發展成熟，部分青瓷更遠銷海上絲綢之路沿線國家，帶來大量收入，成為南宋政府重要的稅收來源。

龍泉青瓷在不同時代有不同的青色。北宋時呈真綠色，到了南宋，龍泉窰不再追求越窰的深沉，轉為粉青和梅子青。進入元朝，又由青變得越來越綠。

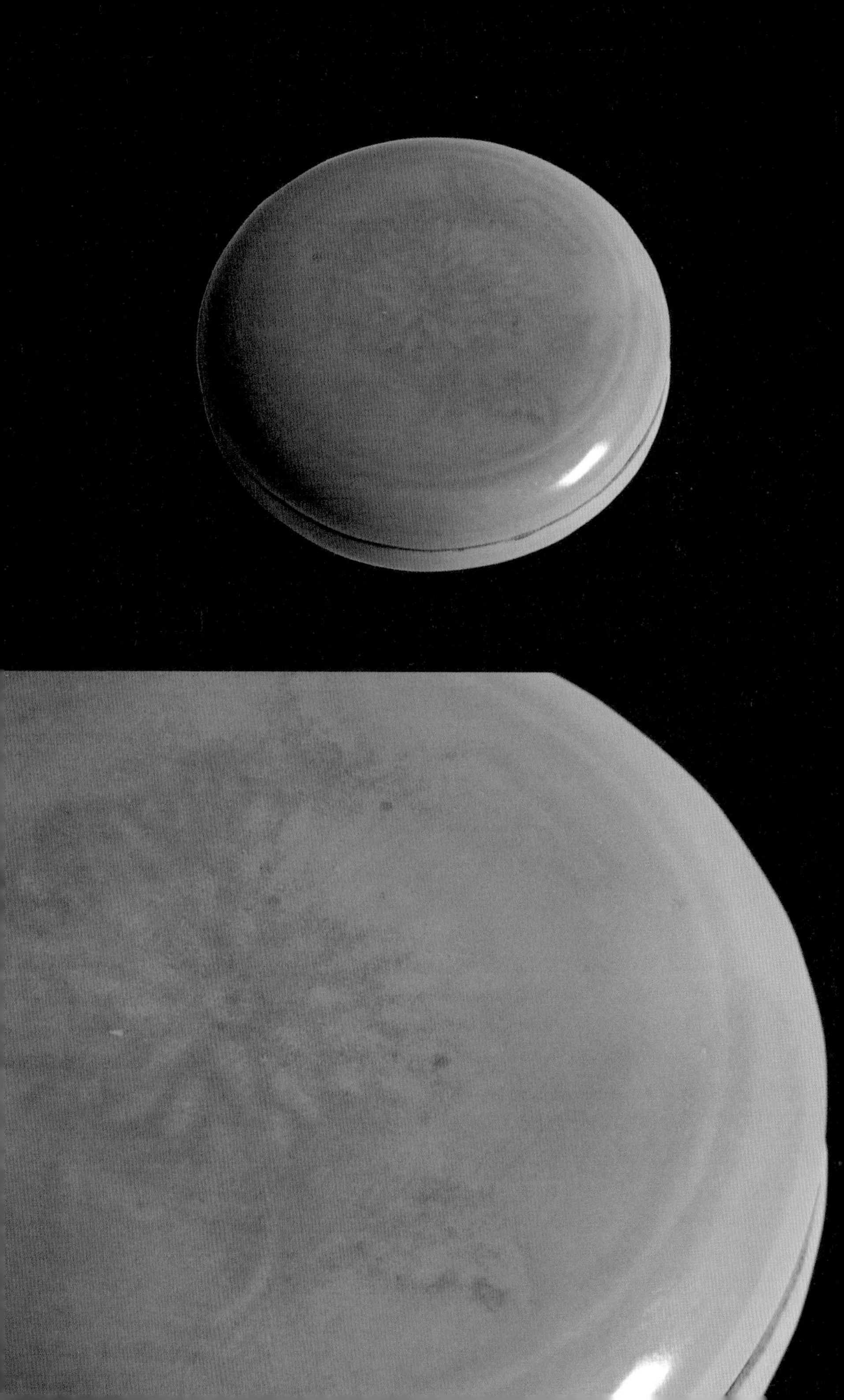

南宋

127

青釉穀倉罐

高度

33.5 公分

穀倉罐又稱為「魂瓶」，源自西漢，盛於宋代，是一種陪葬明器，象徵裝載死者的靈魂，寄望死者於陰間豐衣足食，並蔭澤後人。這類器物多出產於中國南方。

本品罐身刻有文字：「維皇宋開禧元年十二月圓日，造倉此庫，倉庫常滿，典庫常開，風水發具，陰益兒孫，代代高千，富貴昌隆，謹題倉大吉。」開禧元年，即公元一二〇五年。刻文提到「風水」二字，可見宋代中國南方已流行風水之學。

128

宋

歙石馬蹄形硯

長度

10.8 公分

自唐以來，由於製墨技術進步，生產出堅硬的墨錠，從而對墨硯材質的要求亦有所提高，需同時兼備堅硬、細膩、易發墨等特點。

石硯之中，以廣東肇慶出產的端溪石質地優良，膩而不滑，且發墨不損毫，被喻為「天下無貴賤通用之」。此外，亦有安徽婺源出產的歙溪石硯。

本品產自歙州，形如馬蹄，池底平正，且石質幼滑，其設計顯示了宋人尚簡約之風，突出了原材料之美。

宋

129

「唐明皇遊月宮」銅鏡

直徑

18.8 公分

唐明皇，即開創了盛唐「開元之治」的唐玄宗。相傳玄宗在夢裡來到月亮上的廣寒宮，聽見仙女奏的音樂，令他如癡如醉，夢醒後便根據記憶，命樂工完成了《霓裳羽衣曲》。

玄宗寵妃楊玉環，即被喻為「中國四大美人」之一的楊貴妃，據説就擅長以《霓裳羽衣曲》起舞，可惜曲、舞現今皆已失傳。

南宋／

130

三彩十八羅漢

高度

18.7 至 21.3 公分

羅漢（Arhat），梵音譯，指釋迦牟尼的得道弟子，他們已達小乘佛教的最高境界，斷絕三界煩惱，解脱輪迴之苦。唐代有十六羅漢，至唐末始出現十八羅漢，這可能與中國文化對「十八」的傳統偏好有關。

據玄奘法師翻譯的《大阿羅漢難提蜜多羅所説法住記》所言，佛陀將入涅槃時，囑咐十六羅漢等人，不入涅槃，常住世間，護持佛法。

蘇軾謫居海南儋耳時，得到四川金水張氏所畫《十八羅漢》，並為之作《十八大阿羅漢頌》，其中有云：「久逃空谷，如見師友，乃命過躬，易其裝標，設燈塗香果以禮之。張氏以畫羅漢有名……梵相奇古，學術淵博，蜀人皆曰：『此羅漢化生其家也。』」

此組三彩陶俑產自四川地區，乃當時著名的宋三彩陶。四川地區位處南方絲綢之路及茶馬古道的要塞，與西域交流密切。而這組十八羅漢皆擁有深目高鼻，此為典型的胡人特徵，反映該地區的人民對西域面孔毫不陌生。

南宋至元／

131 紅彩捶丸

132 褐斑捶丸

紅彩捶丸直徑

——

3.5 公分

褐斑捶丸直徑

——

3.4 公分

捶丸源於北宋，發展於元明，是一種與西方高爾夫球相似的遊戲，甚至受到皇室的歡迎，元代薩都剌《春詞》：「深宮盡日垂珠箔，別殿何人度玉箏。白面內官無一事，隔花時聽打球聲。」指即使身在深宮，隔著花叢，亦聽到打球的聲音。

元代寧志老人在至元十九年（一二八二年）撰寫了《丸經》，是中國古代首部體育類專著，全面描述了捶丸的玩法、規則以至道德標準。

133

南宋至元

龍泉窰青釉雙魚盤

直徑

21.5 公分

龍泉窰的青瓷是中國與東南亞地區貿易的產品，其中龍泉窰生產的雙魚盤，更出口至當時由滿者伯夷（Majapahit）王朝統治的印尼地區，深受當地人喜愛。

滿者伯夷信奉印度教，魚既是佛教的吉祥圖案，在印度教裡亦代表轉世為魚、救人類於洪水的大神毗濕奴（Vishnu）。

本品其中一魚為褐色，應為不同顏色之瓷土所製，倒模後貼至盤上，再一併施釉燒製而成，設計獨特。

南宋至元

134

磁灶窰綠釉軍持

高度

17.6 公分

福建泉州是中國海上絲綢之路的起點，在宋元時代是重要的對外貿易港口，位於泉州的磁灶窰，亦是當時著名的出口陶瓷產地之一。磁灶窰的產品具有濃厚的地方特色，外銷日本和東南亞諸國。

「軍持」正是為了銷往東南亞國家而特製的產品，名字是梵語「Kundika」的音譯，指水瓶，是佛教和印度教徒隨身攜帶的盛水器皿。

135

金／

綠釉花口瓶

高度

22.7 公分

花口瓶因瓶口形似盛開的花朵而得名，流行於宋金，當時家居陳設流行以鮮花插瓶，花口瓶的器型很有可能是啟發自古代的銅觚。

在宋代，磁州、耀州、景德鎮等窰都有燒製花口瓶，基本形式為細頸，圓腹，撇足。宋金兩代的花口瓶，區別在於足部，宋代撇足較矮，金代撇足的高度則幾與瓶頸相等。

金／

136 耀州窰嬰戲碗印模

137 耀州窰青釉嬰戲碗

耀州窰嬰戲碗印模直徑

——

14.3 公分

耀州窰青釉嬰戲碗直徑

——

12.5 公分

金人滅亡北宋、統一北方後，曾幾次大規模遷移人口，大量女真軍民從塞北遷至中原地區。至金世宗、章宗時，因社會繁榮，中原人口急劇增加，帶動包括陶瓷等工業的繼續發展。

嬰戲碗乃當時的吉祥物，寄寓人們求子的願望。印模背面刻有工匠姓名及日期等資料：「貞祐四年二月初五日千葉五倪」，即公元一二一六年，後附押記；印模內則刻「五倪記」。這些資料，對斷定相關陶瓷製品的年代和出處，具有重大意義。

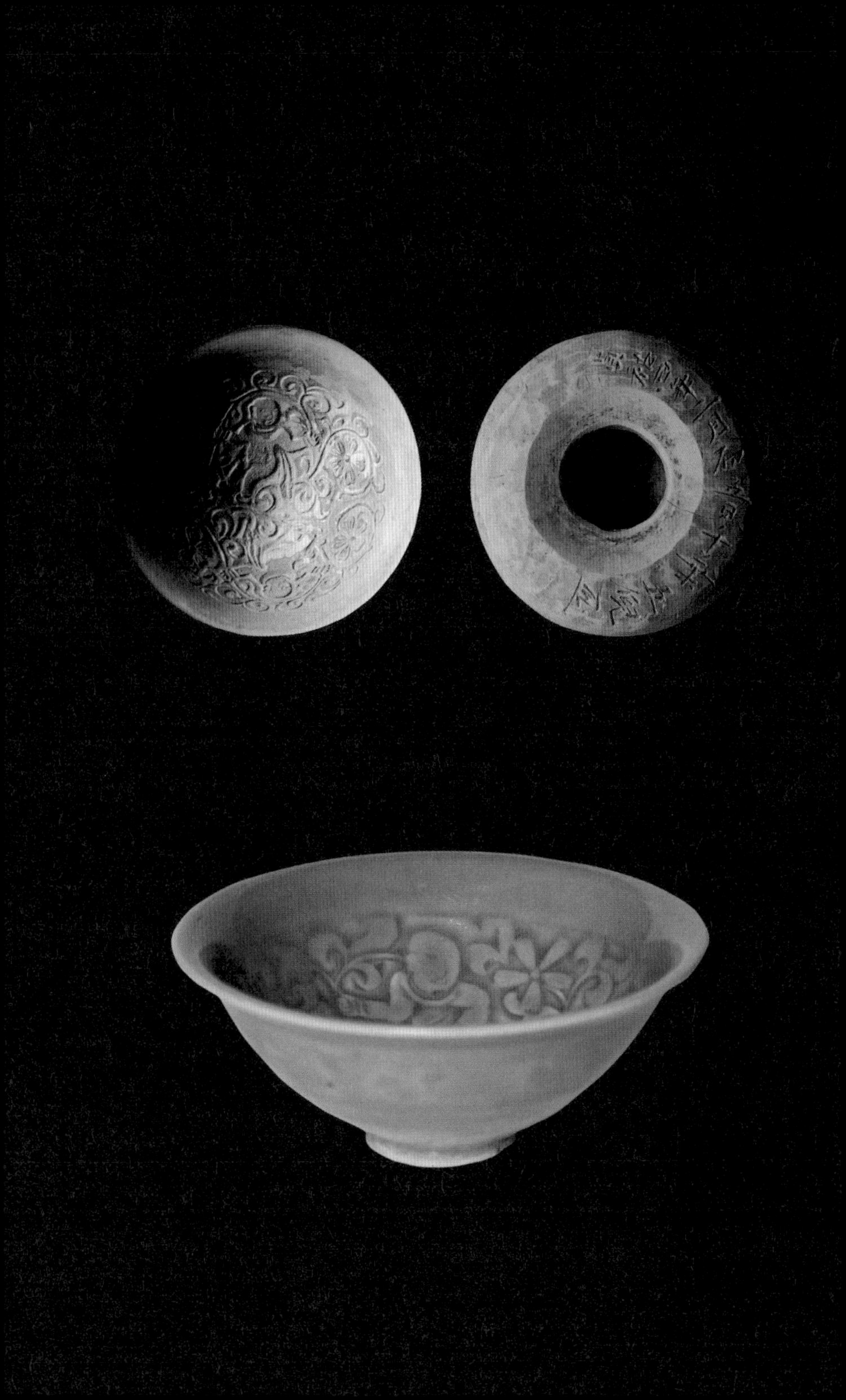

金

138

磁州窰白釉虎形硯滴

長度

10.4 公分

高度

4 公分

硯滴是注水進墨硯時，方便調節出水量的文房用器，以虎為形象，或代表道教四象之一的白虎。東漢應劭《風俗通義・祀典》云：「虎者，陽物，百獸之長也，能執搏挫鋭，噬食鬼魅。」人們相信老虎的陽剛之氣能夠辟邪，例如金代流行虎形枕，藉此保護主人於睡夢中免受惡靈侵擾。

139

金／三彩刻折枝花紋腰圓形枕

闊度

22 公分

高度

7.5 公分

本品前方內曲，後方外凸，兩側呈圓弧狀，曲線圓滑，為宋金元時期的流行式樣。

枕在古代功能多樣，除作為日常寢具外，既可辟邪鎮宅保家裡平安，也可作為婚禮陪嫁的用品，或作為陪葬明器出現於墓中。

金／

140 灰陶加彩力士磚

141 灰陶力士磚

灰陶加彩力士磚高度

17 公分

灰陶力士磚高度

20.5 公分

力士磚乃嵌在墓葬中仿木結構建築的底部，為須彌座束腰*的裝飾。

在山西省稷山馬村金代磚雕墓和襄汾侯村金代紀年磚雕墓葬中，亦有磚雕力士出土，形象均為坦胸露腹、站立或者盤膝而坐。

金代力士的出現反映當時的統治階層喜歡僱用他們作苦力及摔跤，一些考古例子更顯示兩個力士正進行相撲運動。

*須彌座乃東方建築一種常見的台基形態，名稱來自佛教的須彌山。上下寬，中間窄處稱為束腰。

金

142

灰陶獅子滾繡球磚雕

長度

32 公分

獅子古稱狻猊，號獸中之王，其形象最初是隨佛經繪圖從西域傳入中土，根據佛經典故，獅子的吼聲可幫助傳佈佛法。西域國家向中國朝貢，也獻過獅子。民間傳説，雌雄獅子相戲時絨毛交纏成球，從中生出勇猛的小獅。獅子滾繡球的最早考古例子，可見公元十世紀遼代耶律羽之墓的紡織品圖案。

以獅子為紋飾，除表達官位煊赫外，還有辟邪之意，故金代墓室不時發現如本品的獅子滾繡球磚雕。

元／

143 黑陶女立俑

144 灰陶男立俑

黑陶女立俑高度

28.3 公分

灰陶男立俑高度

25.5 公分

蒙古人喪葬，以深埋不留墳為傳統。元末葉子奇《草木子》：「元朝官裡，用梡木二片，鑿空其中，類人形小大合為棺，置遺體其中。……送至其直北園寢之地深埋之，則用萬馬蹴平，俟草青方解嚴，則已漫同平坡，無復考誌遺跡。」

元代的統治階層以挖空樹木製成的棺材放置遺體，下葬後不立碑，以萬馬踏其上，並等至地上長滿雜草才解封地點，讓後世不知所葬之地。隨著漢化日深，部分蒙古貴族也接受了漢人葬俗，並以陶俑作為陪葬明器。

蒙古人的傳統服飾非常簡樸，本品男立俑穿緊身、窄袖、右衽袍子，似是貴族的年輕侍者。而女俑腦後挽成髮髻，身穿右衽長裙，裙子內套長褲，亦為事奉主人的侍女。

元／

145

建窰黑釉褐斑盞

直徑

11.6公分

本品產自福建地區，器身刻有「元至元十五季（年）」六字，即公元一二七八年。

一二七六年，元軍攻破南宋首都臨安，俘年僅五歲的宋恭帝。陸秀夫等大臣攜同恭帝的異母兄弟趙昰、趙昺南逃，並在福州擁立七歲的趙昰為帝，力圖抗元。後來福州失守，帝昰與朝臣於是渡海逃往廣東，曾抵達香港九龍城一帶，宋皇臺即為紀念他而建。

一二七八年，即元軍征服福建後，設福建行中書省的一年。

元

146

青白釉褐斑三供一套

瓶高度

7.8 公分

爐高度

4.3 公分

本品為景德鎮燒造的小型供器，即祭祀用的容器，由小瓶一對與香爐一個組成。類似組合曾出土於江西省萍鄉市福田鄉元代窖藏、四川三台、湖南澧縣、浙江青田等不同遺址。

倫敦大英博物館藏有元代青花龍紋象耳瓶一對，銘文有「奉聖弟子張文進喜舍香爐、花瓶一副」，說明這一類瓶爐的組合為供奉用器。南宋末年陳元靚著《事林廣記》，亦載「廳前用大香爐花瓶居於中央」。

147

元／

青白釉褐斑葫蘆形執壺

高度

10.5 公分

本品以白釉褐斑裝飾，為當時出口至東南亞地區的常見品種。

蒙古人建立元朝，雖然漢人被征服，但陶瓷工人反而獲得自由發揮的機會。由於瓷土優質，江西省瓷窰的成就逐漸超越浙江，江西景德鎮更成為世界上最重要的瓷業中心。景德鎮瓷業的發達，主要有賴材料的適當運用，工人採「二元配方」法，以高嶺土混合瓷石製瓷。

青白瓷早於宋代已運銷世界各地，在埃及、巴基斯坦、日本、沖繩、菲律賓、印尼等地都有發現。一九七六年在韓國新安海底發現的元代沉船，其遺物更有超過三分一瓷器都是青白瓷。

元代青白瓷在裝飾方面有下列特點：一、鐵褐斑裝飾；二、串珠紋裝飾，以連續小珠組成文字或圖案；三、凸花裝飾，如凸起的梅花紋和 S 形雙耳；四、釉下彩裝飾。

148

元

樞府窰白釉印鳥紋碗

直徑

18.9 公分

一二七八年，元朝在景德鎮設置「浮梁瓷局」，浮梁是當時景德鎮所在的縣名。一般相信，「樞府」瓷是元代軍事機構樞密院在浮梁瓷局訂造的祭品，元人以白為吉色，愛用白色禮服、白色陶瓷祭器。明代古董鑑賞家曹昭和文鎮亨，對樞府瓷亦十分推崇。

樞府瓷約製成於十四世紀初至中葉期間，具備下列三樣特色的其中兩項：一、器身內壁印有花卉紋，花卉間有對稱的「樞府」二字；二、器底小而中央微凸，器足外撇，修削規整；三、乳濁卵白釉，釉厚，使印花圖案不清，口沿處有釉邊痕。

當時，大量樞府瓷曾運銷東南亞，在菲律賓和印尼也發現過，有時是一件樞府瓷和一件同類形制的青花瓷一起出土，兩件瓷器花紋相近。這些貨品大部分都沒有款記，相信當時只有高品質的樣品才會印「樞府」款，供樞密院之用。

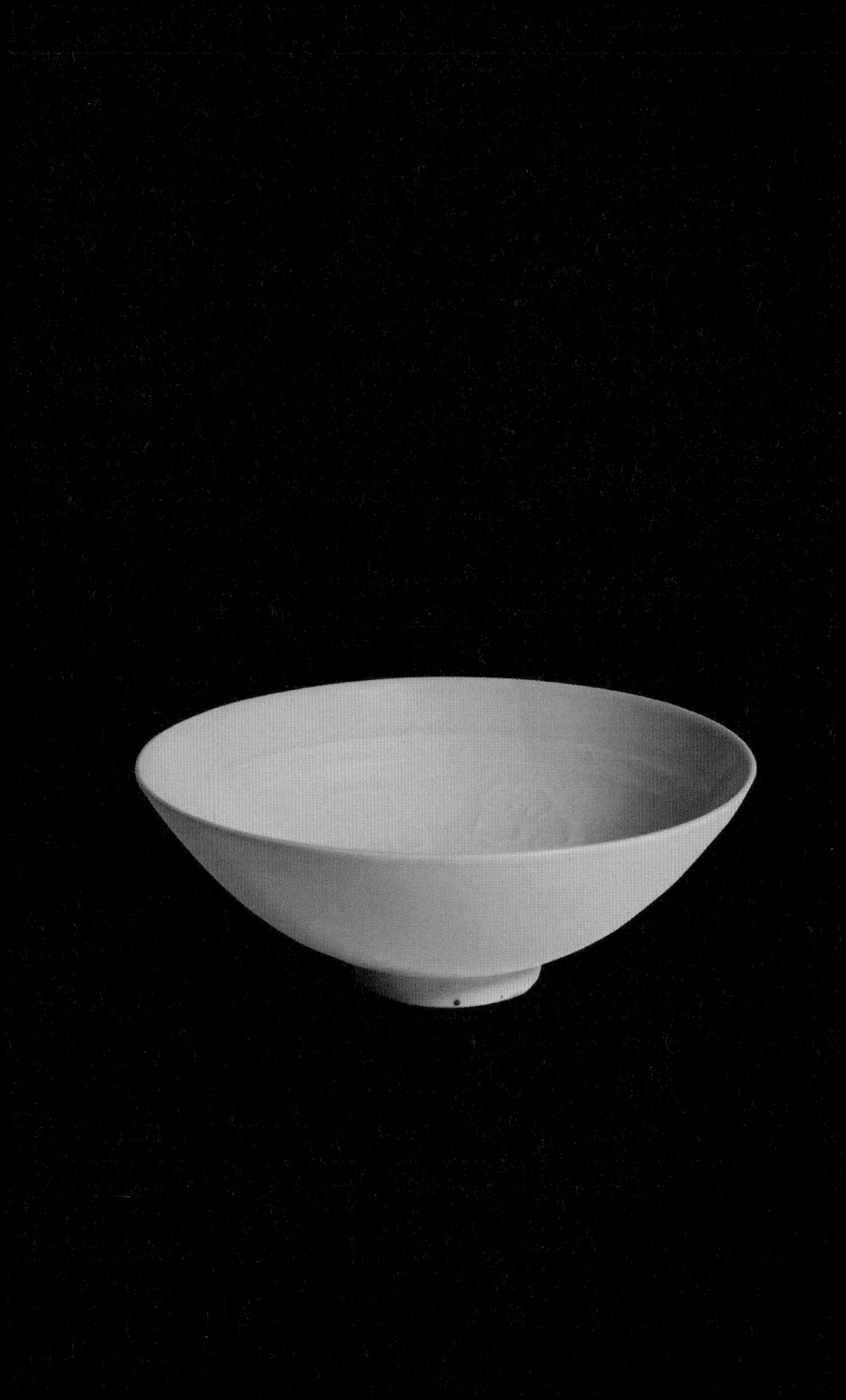

元

149

青花菊紋荷葉小蓋罐

高度

7.8 公分

早在唐代，鈷已經從波斯傳入，用作陶器的彩釉。至元代，在中國貿易的阿拉伯和波斯商人從西方帶來鈷料，交景德鎮陶工，訂製他們所需的瓷器。至十五世紀為止，中國本土還未發現優質鈷礦，所以當時所用的鈷料基本上都來自中東。

本品罐身繪有菊花，蓋作荷葉形狀，有機會為放置茶葉或香料之用。

元

150 青花果形菊紋小罐

151 青白釉褐斑雙耳小罐

152 青花菊紋小罐

青花果形菊紋小罐高度

——

5.5 公分

青白釉褐斑雙耳小罐高度

——

5 公分

青花菊紋小罐高度

——

5 公分

本品三件乃專為東南亞而燒製的貿易瓷，球形小罐通常飾粗樸的青花花卉紋，另外常見的是果形小罐。

這些小罐對探討釉下彩繪的起源來說，是很有研究價值的材料。從器物的品質來看，它們都是實驗性貨品，而菲律賓和印尼是這些貨品的主要市場。這些細件瓷罐不單飾上藍彩，一些還有褐斑、釉裡紅彩，亦偶有素身無紋的產品。

菲律賓曾出土一座母子墓，遺骨上覆蓋著大大小小不同的中國瓷器，當中相當一部分便是這類罐子，顯示墓主人身分極高。

元／

153 釉裡紅菊花杯

154 釉裡紅扁執壺

釉裡紅菊花杯直徑

——

7.2 公分

釉裡紅扁執壺高度

——

11.9 公分

元代的釉裡紅瓷器產量非常稀少，如據朱裕平《元代青花瓷》統計，八十年代在景德鎮湖田窰址出土的瓷片標本包括青花、釉裡紅、影青和卵白瓷，當中青花瓷僅佔百分之零點五，釉裡紅更只有兩片。

元代是釉裡紅的探索年代，當時釉下繪畫仍在草創期，陶工極難掌握用作繪畫的氧化銅原料之特性，幾乎每件製成品的紅色都未能達至預期效果。

褐彩和紅彩的燒製技術十分難控制。褐彩容易混溶於釉中，使所繪花紋無法清晰地燒出來。紅彩則更難掌握，十四世紀的釉裡紅，效果往往由淡灰紅色至泥褐色不等。即使燒出很好的紅彩，圖案輪廓也模糊不清。那時的陶工基本上放棄了釉裡褐彩，而釉裡紅也不被重視。明代也曾一度燒製釉裡紅，卻未獲得普遍成功，至清代才比較掌握到這類釉色的技術。

釉裡紅瓷器亦曾於東南亞地區如菲律賓出土，反映它們曾作為貿易商品，惟只是鳳毛鱗角。

元

155

黑陶玉壺春瓶

高度

24.5 公分

本品應為酒器，在元代的龍泉窰青瓷、景德鎮的青白瓷和青花瓷、磁州窰的黑釉瓷等不時見到相關品種。

另外，玉壺春瓶亦有銀製品，例如在安徽省合肥元代窖藏發現的九件，其中一件底部帶有「至順癸酉」（公元一三三三年）的銘文，明確了生產年份。

以黑陶所製的玉壺春瓶多出自貴族墓葬。本品保存完整，甚為難得。

156

元

鈞窰藍釉紫斑蓋罐

高度

14公分

鈞窰位處河南禹縣，始燒於北宋，乃當時五大名窰之一。至金元時，工場更擴展至河北、山西、內蒙古等地，至今已發現逾一百個鈞窰相關遺址。

近代科學發現，鈞窰藍釉的不同藍色，其實是光線在釉中折射的現象，而非色素本身所致。在電子顯微鏡下，用較低溫度燒成的瓷器，釉中含有大型粒子，釉色呈現月白；惟在較高溫度下則形成小型粒子，將光折射為藍或泛紫色。

大多數鈞窰的瓷器以藍釉為主，加入氧化銅入窰燒製後，會顯現各種紫、紅或綠色斑，甚有現代水墨畫的潑墨氣韻。

金元時期，罐的種類很多，包括本品。這類蓋罐應作為儲藏茶葉之用，例子可見山西省大同市元代馮道真、王青墓，壁畫上描繪的墨書「茶末」的蓋罐。

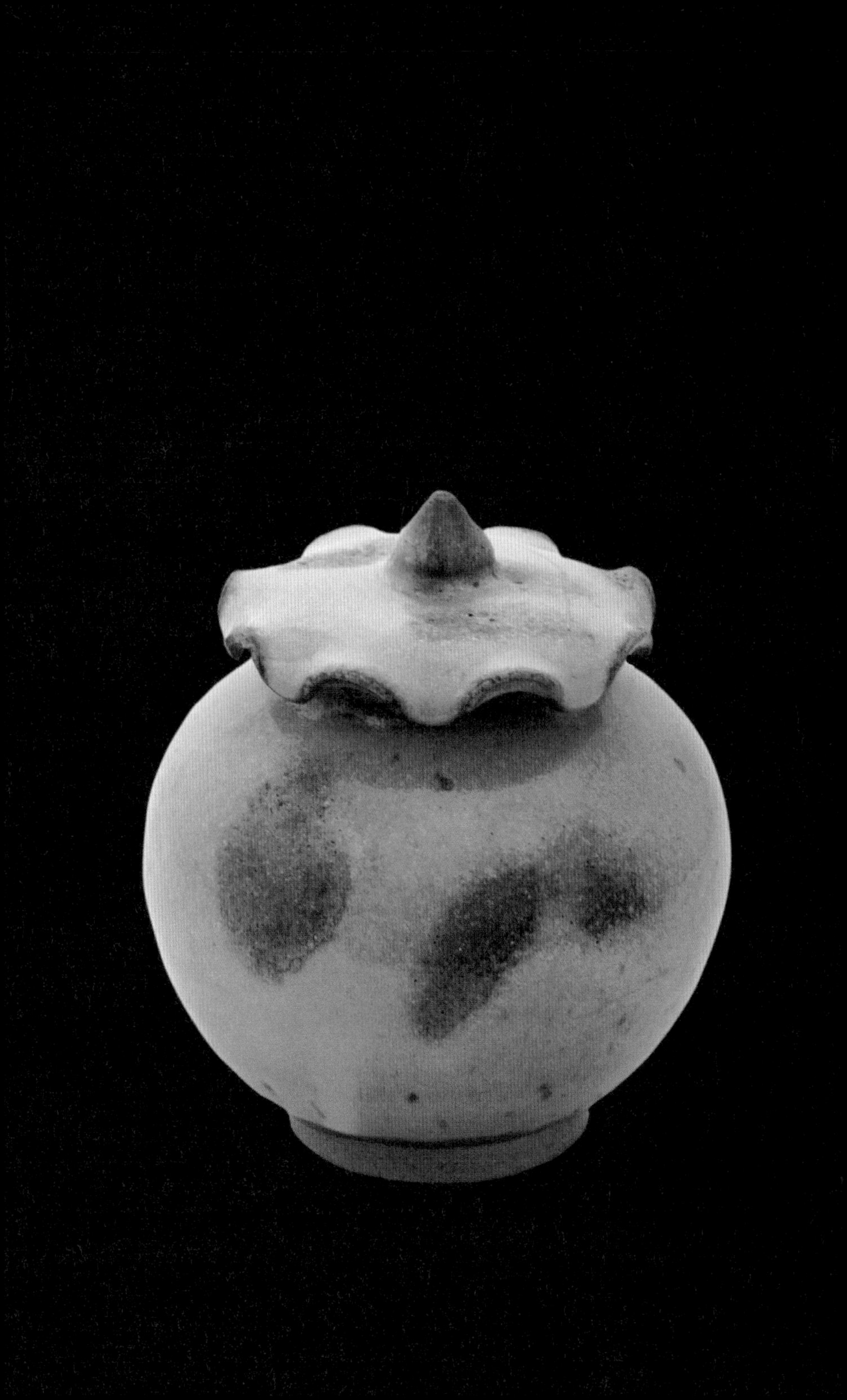

157

元

鈞窰藍釉紫斑文字罐

高度

10.5 公分

鈞窰的紫斑器物為歷代藏家所鍾迷，以紫斑呈現文字更是鳳毛麟角的珍品。因為以氧化銅為原料的斑紋在燒製過程中極易暈散，出窰後的製成品很可能與原來的期望不符。

本品罐身帶有紫斑「山」、「清」兩字，代表物主對歸隱田園、與青山綠水為伴的閒適之情。亦有機會是慨嘆政局晦暗不明，表達對政治清明、民歸樸實的願望。

帶紫斑文字的鈞窰瓷非常稀有，除本品外，已發表的例子有紐約大都會博物館藏的金代鈞窰藍釉紫斑枕，枕身寫有一紫斑「枕」字。

158

元

龍泉窰青釉褐斑環耳瓶

高度

16 公分

早在東晉時期，江浙地區已流行以褐色斑裝飾青瓷，自南朝後中斷達八百年，至元代才由龍泉窰恢復。這種看似任意點畫的裝飾手法，在器物燒成後，青褐二色相互協調，具有極高的藝術造詣。

褐斑青瓷在元明時代已傳至日本，在當地被稱為「飛青瓷」（飛青磁），名稱應源自褐斑在青瓷上「飛散」（飛び）之意。龍泉窰的褐斑青瓷存世稀少，深受日本人推崇，其中在大阪市立東洋陶瓷美術館收藏的元代飛青瓷玉壺春瓶，已被日本政府奉為國寶。

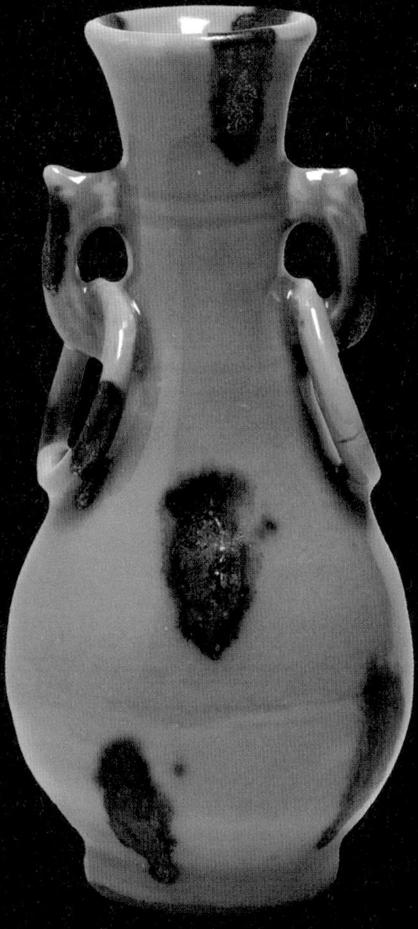

159

元／

藍色＋白色玻璃梅花形飾

藍色玻璃梅花形飾直徑

1.8公分

白色玻璃梅花形飾直徑

1.7公分

蒙古帝國幅員廣大，貫穿歐亞，帶來各式各樣的西域物品及技術輸入中土，故元代使用玻璃亦較宋金時代頗繁，較大型的出土物，有甘肅汪世顯家族墓的藍色玻璃蓮花盞、托，亦有其他較小型的飾物如花瓣形飾、珠飾、髮簪、耳飾等。

本品由單面模具壓印而成，這種小型玻璃飾物或用作耳墜，亦可能是服裝的飾品。

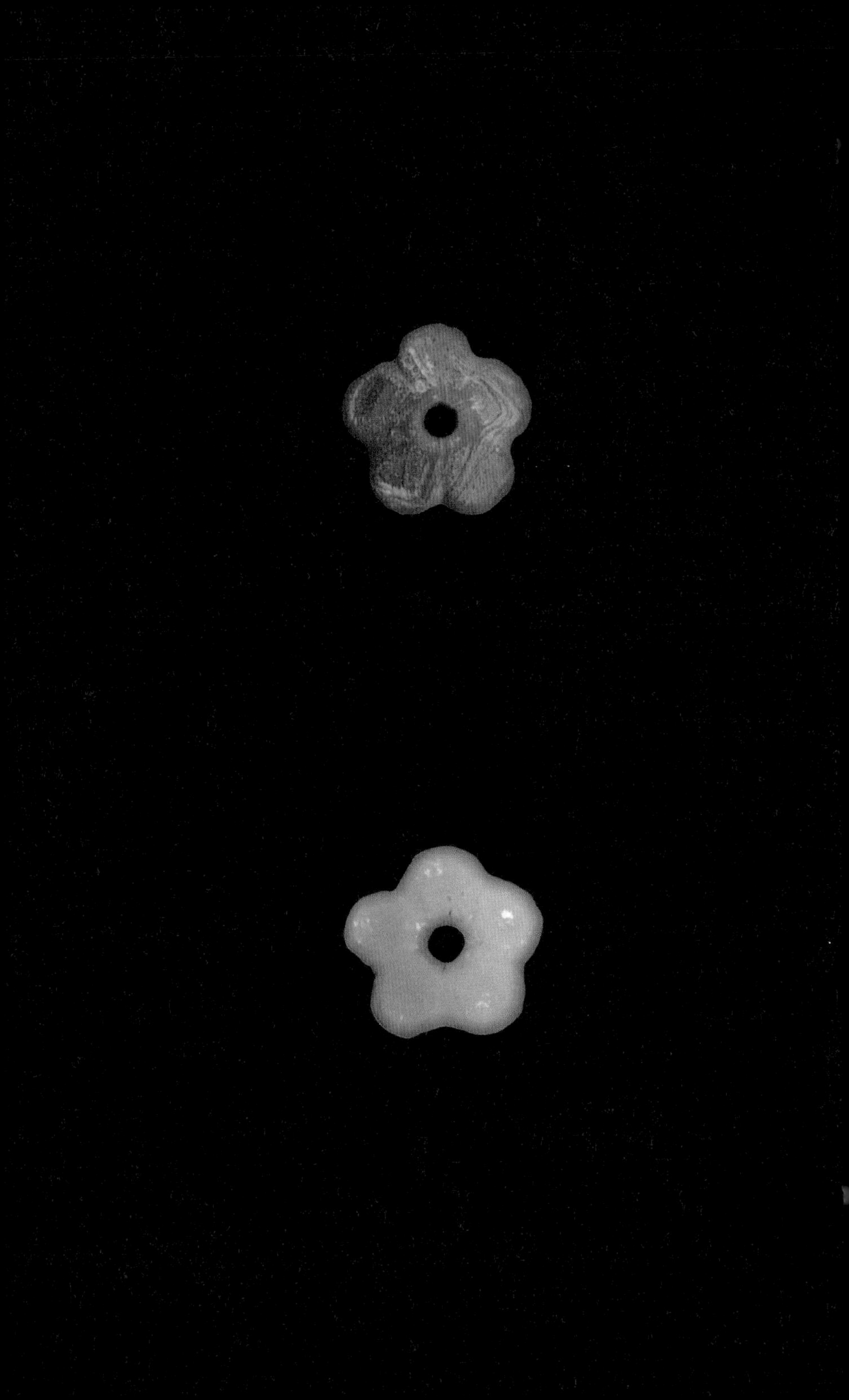

160

至元通寶

重量

9.4 克

至元通寶由元世祖忽必烈於至元二十二年（公元一二八五年）發行起，流通時期不過數月，留存至今者甚罕。

忽必烈先後任用阿合馬、盧世榮、桑哥等人處理國家財政，其中盧世榮是漢人，曾在短短數月的任期內試圖推動貨幣改革。

當時政府因大量發行鈔票，致鈔票貶值，盧世榮於是效法漢唐之例，希望透過發行銅錢與鈔票並行，以穩定經濟。其重點在於擴大金屬貨幣的流通，藉以減輕過分依賴紙幣的壓力，並以銅錢支持鈔票的面值，「至元通寶」便是在這個背景下發行。

然而，以丞相安童為首的眾大臣告發盧世榮擅權，且政策推行了四個月也未見明顯起色，最重要是「錢穀出者多於所入」，即國庫仍然入不敷支。經過一輪與朝廷大臣對質後，盧世榮被下獄。

後來忽必烈聽人說，既然盧世榮罪名已定，一直關在牢裡只會浪費囚糧，遂下令把盧世榮殺掉，割其肉以餵禽獺。

元／

161 至大通寶

162 大元通寶

至大通寶重量

3.84 克

大元通寶重量

29.6 克

元代經濟主要使用鈔票，銅錢較少。本品兩款錢幣鑄於元武宗至大三年（公元一三一〇年），至大通寶的錢文是漢字，為一枚一文的「小平錢」，相當於紙幣「至大銀鈔」一釐；大元通寶是蒙古字，為「折十」大錢，相當於至大通寶十文。而這兩款銅錢一直通行至元順帝至正年間。

相關史料見《元史．食貨志一》：「元之交鈔、寶鈔雖皆以錢為文，而錢則弗之鑄也。武宗至大三年，初行錢法，立資國院、泉貨監以領之。其錢曰至大通寶者，一文準至大銀鈔一釐；曰大元通寶者，一文準至大通寶錢一十文。歷代銅錢，悉依古例，與至大錢通用。」

其意大體為元代鈔票以銅錢為計算單位，故鑄錢以令鈔票變得實在。而過往朝代所鑄的銅錢，亦可與至大通寶並行流通。

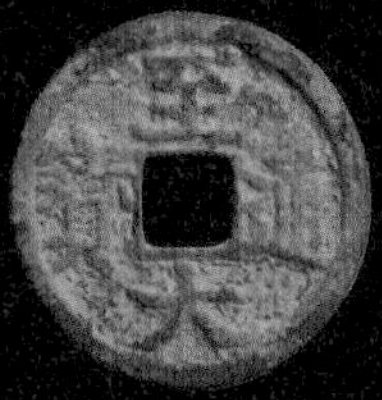

元／

163

銅權

高度

6 公分

重量

177.35 克

「權」是用來量重的砝碼，又稱秤錘或秤鉈，對研究古代中國的度量衡制度有重要的價值。與「權」相配的秤杆稱為「衡」，「權衡」一詞即源於此。

本品鑄於元英宗至治二年（公元一三二二年），方紐方孔，權身為圓形，束腰，下部為圓形底座。正面陽刻銘文「至治二年」四字，背面陰刻銘文「官」、「二」。

《元典章》載：「民間合用斛斗稱度，照依省部元降様製成造，委本路管民達魯花赤長官校勘相同，印烙訖，發下各處，公私一體行用。」可見，元政府對銅權等度量衡制度實施了統一管理。

由於年代久遠及鑄造時的誤差，現時出土的元代銅權，其重量與所鑄的量銘並非完全吻合，但大致上，當年一斤約等於今天六百克左右。本品約合元制五兩。

明

164

銅雲龍紋鏡

直徑

11.2 公分

本品鏡背有一山字形鈕，右邊有龍在雲中飛舞，龍首在鈕下，龍身蜿蜒於上，前肢伸張，後肢與尾交纏，另一後肢僅露出爪部。左側長方框內為「洪武二十二年正月日造」銘文，即公元一三八九年，洪武為明朝開國君主朱元璋的年號。

五爪龍造型為天子專用，是元朝定下來的規矩，後來亦為明清兩代所繼承。本品的龍紋本來為五爪，惟其中一爪被磨掉，有機會是物主避免僭越。

明／

165 銅「月樣團圓」鏡

166 銅「正其衣冠」帶柄鏡

銅「月樣團圓」鏡直徑

9.6 公分

銅「正其衣冠」帶柄鏡長度

13.7 公分

「月樣團圓」鏡有一個四瓣菱花形雙線紋，分隔內外兩區。內區有七言詩一首：「月樣團圓水漾清，好將香閣伴閑身，青鸞不用羞孤影，開匣當如見故人。」外區有花枝紋作裝飾。詩的大意是以鏡比喻月亮，物主在孤獨的時候照鏡子，憶起故人點滴。

「正其衣冠」鏡的鏡身鑄有「正其衣冠，尊其瞻視」八字，意思是希望鏡主人如君子一樣衣冠整齊，注重儀表，端莊嚴肅。

以行書作鏡銘書體，在明代以前極少見到，至明代才變得普遍。

明

167

綠釉陶小瓶

高度

10.1 公分

《荀子》有云：「明器貌而不用」，即陪葬明器應造得與實物相似，但不具實用，以區隔生者與死者的不同。

本品乍看與一般器物無異，惟底部中空，且體積細小，沒有實質用途，應為陪葬明器。

明十六世紀

168

龍泉窰青釉刻花花口「君賜」款大碗

直徑

32.5 公分

本品菱花碗口外撇，瓷胎厚重，施青灰透明玻璃釉，外底無釉，呈紅灰色。

明代中晚期，龍泉窰產量大減，且質素明顯下降，胎體厚重，釉層薄而透明，刻花粗放草率，有的外底更留有挖足的刀痕，製作粗糙。清乾隆年間成書的《龍泉縣志》載：「化治以後質粗色惡，難充雅玩矣。」成化、弘治即明中葉憲宗、孝宗二帝，自那時起，龍泉窰已開始走下坡。

然而，本品製作工整，釉色偏綠，刻花較繁複，底部更刻有「君賜」二字，有機會為明代皇帝賜予周邊諸國政府的外交禮物。

龍泉窰器物於底部刻字，可追溯至元代。如二十世紀七十年代於韓國新安海域發現的元代沉船（公元一三二三年沉沒）中，有一件龍泉窰青瓷盤，底刻「使司帥府公用」六字雙行銘文，使司帥府應是「宣慰使司都元帥府」的簡稱。

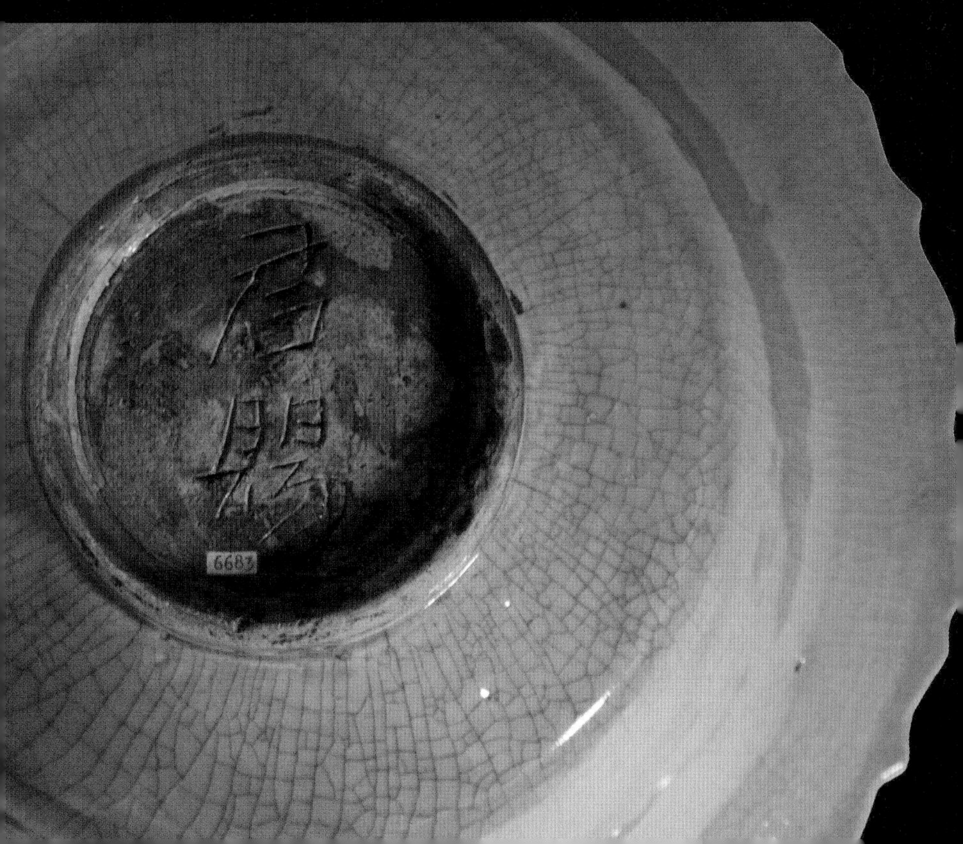
6683

明十六世紀

169

青花纏枝蓮紋碗

直徑

14.2 公分

本品以蓮紋為飾，圈足有「宣德年造」四字，但為仿款，實際乃嘉靖中晚期至萬曆初期之物，是出口至西方的瓷器。

與本品同款的器物，曾於馬來西亞宣德號沉船、莫桑比克塞巴斯蒂安堡沉船、南非聖本托號、聖若昂號等發現，它們都是嘉靖年間的沉船。此外，廣東省台山上川島花碗坪遺址亦有出土同款瓷器，該遺址被認為是正德至嘉靖年間，葡萄牙進行走私貿易的據點。綜上兩點，可推測本品所屬的年代。

當時民窰的瓷器多以「宣德」、「成化」為仿款，由於這兩個時代的陶瓷以質量上佳見稱，以之為仿款，產品比較受歡迎。

明萬曆

170

青花折枝花果紋長方杯

長度

6.8 公分

闊度

5.3 公分

高度

3.4 公分

明神宗萬曆皇帝在位四十八年，乃明代最長的一朝。萬曆初年，內閣首輔張居正厲行改革，國勢一度中興，可惜張居正歿後，神宗多年不再上朝，肆意揮霍，致綱紀廢弛。

終萬曆一朝，官窰瓷器的燒造始終沒有中斷，僅萬曆十二年有停燒記錄。

這類長方杯有機會為放置仙丹供皇帝食用。嘉靖、萬曆兩位皇帝篤信道教，瓷器上有不少宗教紋飾。此外，御窰廠除圓形器皿外，亦燒製一部分方形器皿，應啟發自「天圓地方」的觀念。

本品器身繪有花果紋，青花發色偏灰，且器形略欠規整，乃明代國勢日走下坡的寫照。

明崇禎

171

「跑馬崇禎」銅錢

重量

6.8 克

本品正面錢文「崇禎通寶」，背面底部飾有一匹正在奔跑的馬。

崇禎末年，苛捐雜稅氾濫，大量農民失去田地，飢民遍野，此時闖王李自成揭竿而起，提出「均田免賦」的口號，大獲農民的支持和歡迎，社會上甚至出現「迎闖王，不納糧」的民謠。

「跑馬崇禎」錢為官方所鑄，款式眾多。當時有人借題發揮，認為此錢「一馬入門」、「門下有馬」，即為「闖」字，雖為穿鑿附會，卻表現了民眾對闖王推翻腐敗朝廷的願望。

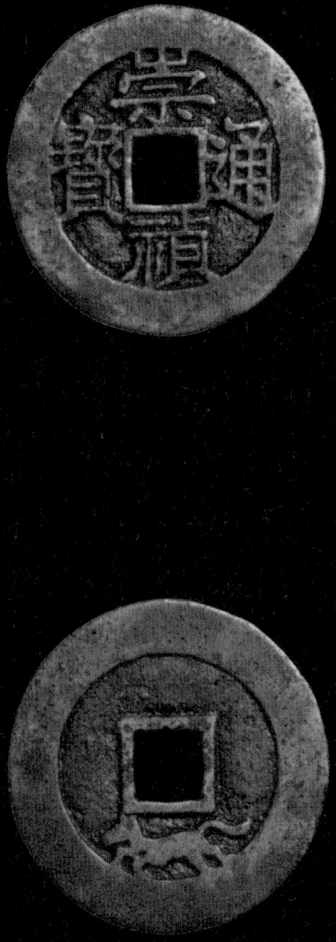
崇禎通寶

清十七至十八世紀

172

德化窰白瓷印花雙龍耳八角杯

闊度

11.3 公分

位處福建的德化窰盛產白瓷，在西方被稱為「中國白」（Blanc de Chine）。自明代中葉，擁有奶白色胎釉，並具玻璃質感的德化白瓷深受中外追捧。到了清初，德化白瓷在歐洲大放光芒，遠至葡萄牙、荷蘭等地亦可見其蹤影。

本品呈八角形，兩旁貼有龍耳，杯身印有梅花，器形具中國特色。相信這類器物既作為出口到外地的貿易瓷，亦可適用於中國本土的消費市場。

清乾隆

173

青花花卉紋蓋杯

高度

9 公分

本品器型非中國樣式，乃西餐用作盛放砂糖之用。器底貼有「南京號」（Nanking Cargo）的現代標籤，證明本品是發現自「南京號」沉船的遺物，為當年乘該船出口至歐洲的貿易瓷。

南京號又名「哥德馬爾森號」（Geldermalsen），是荷蘭東印度公司的貿易船，乾隆十七年（公元一七五二年）在海上絲綢之路的南中國海沉沒。

一九八四年七月，邁克·哈徹（Michael Hatcher）的海底打撈公司發現此船，並組織打撈工作，共出水十四萬件陶瓷器和一百二十五塊金錠，其中一批福建德化窰生產的青花瓷和白瓷，有碗、碟、杯、瓷塑人物等。這批文物於一九八六年在荷蘭阿姆斯特丹被拍賣。

174

清十八世紀／

青花人騎馬小杯

直徑

6.9 公分

本品雖是酒杯，設計者卻彷彿想透過構圖，說明過量飲酒的禍害：獵人打獵時墮馬，讓獵物逃之夭夭；杯內更繪有李白醉酒圖，令持杯者聯想到那位偉大詩人亦是因醉酒而遇溺。

杯底款「青雲社製」，有機會是當時王公大臣私人成立的文藝交流會之物。

清雍正

175

雍正通寶一套

重量

3.93-5.51 克

雍正皇帝認為，錢幣是國家之寶，故雍正通寶的錢背左面為滿文「寶」字，右面則為滿文的錢局名稱。雍正初年曾有民間私下鑄錢，其形體較小、銅中夾鉛，雍正遂下令將私鑄者處以極刑，可見他對鑄錢的重視和控制，亦造就現時所見的雍正通寶大多做工精美、整齊劃一。

鑄造雍正通寶的錢局，現今發現十五個，即本品所列：寶泉（京師戶部）、寶源（京師工部）、寶河（河南開封）、寶安（江蘇江寧）、寶昌（江西南昌）、寶浙（浙江杭州）、寶雲（雲南昆明）、寶蘇（江蘇蘇州）、寶南（湖南長沙）、寶鞏（甘肅蘭州）、寶晉（山西太原）、寶濟（山東濟南）、寶武（湖北武昌）、寶川（四川成都）、寶黔（貴州貴陽）。

雍正初年，民間私鑄銅器盛行，制錢*被暗行銷毀，另作他途，因而未能流布。當時的大制錢每文重一錢四分，以銀一兩可易八百四五十文，如溶掉製作銅器，卻可賣得銀二、三兩。其中如銅煙袋，原料只需毀錢十文，卻可售百文有餘，利潤高達十倍。

雍正皇帝遂下令，除三品以上官員，其餘人等皆不准使用黃銅器皿，並需將所擁的有黃銅器皿悉行報出，官方以應得之價收買。此令限三年內執行，若三年之後仍有私藏黃銅器皿者，嚴加重處。雍正此舉希望杜絕毀錢製器，從而使制錢流通，民用充裕。

*制錢，即當朝官方所鑄的銅錢，以作與前朝舊錢或私鑄錢的區分。

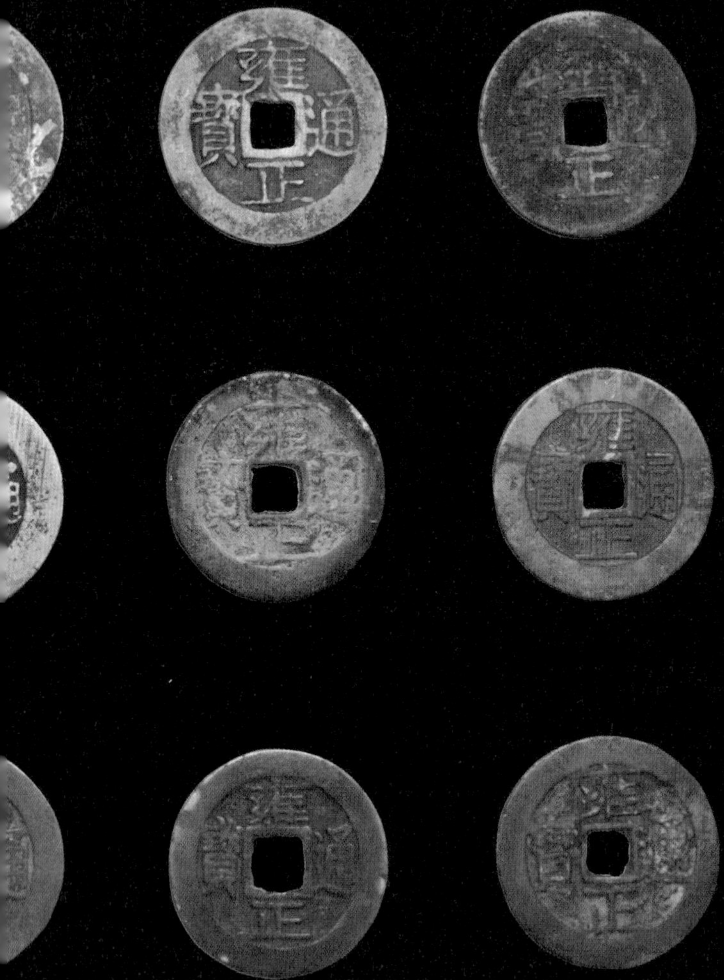

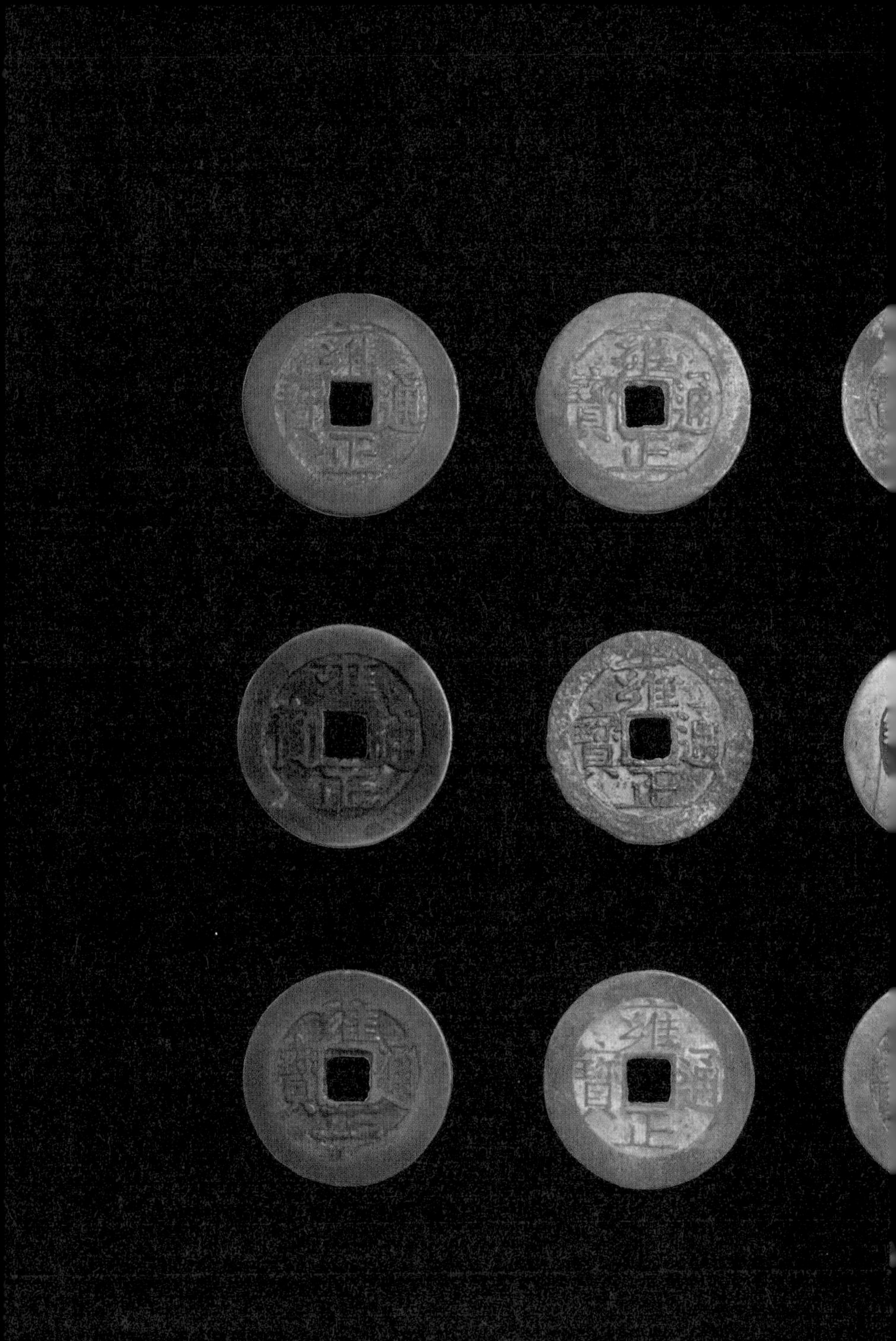

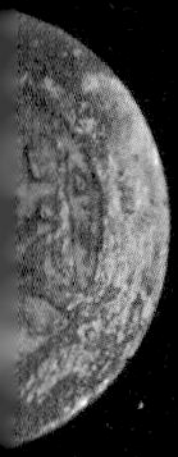

雲

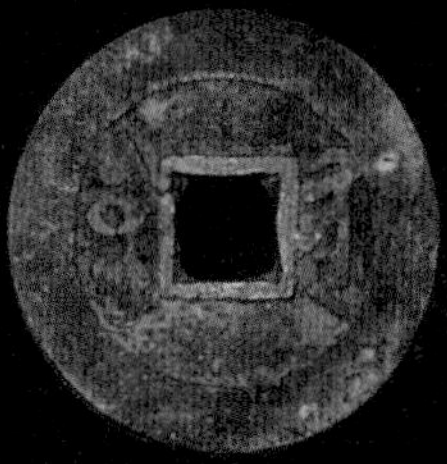

黔

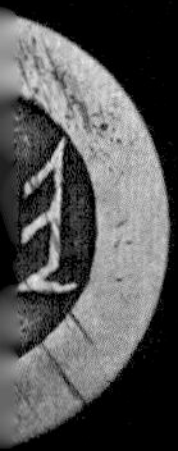

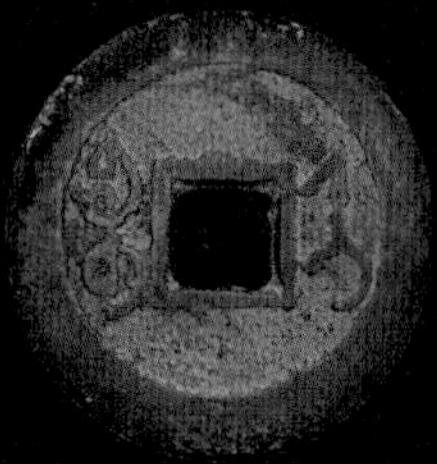

濟

浙

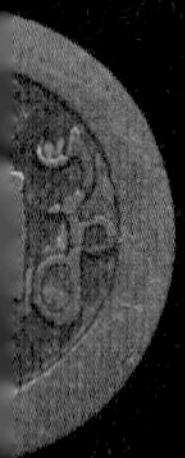

肇

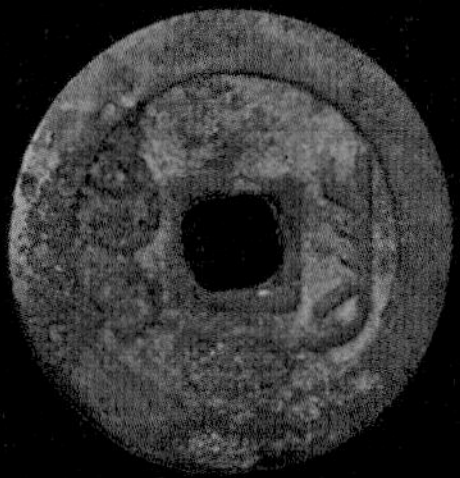

昌

泉

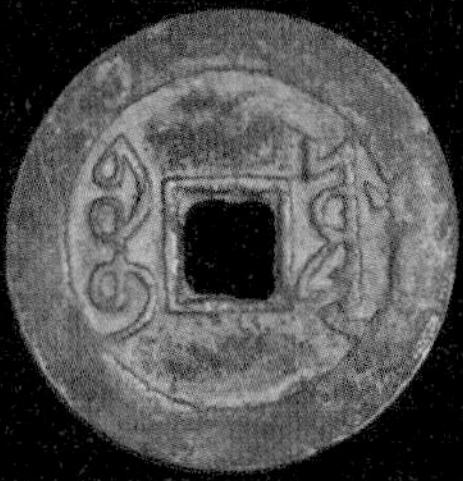

源

安

南

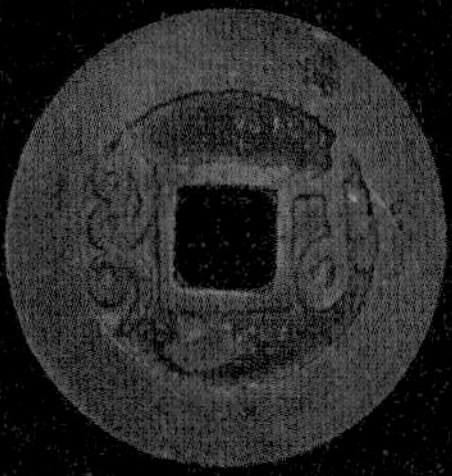

武

蘇

清光緒

176

礬紅彩龍紋杯

直徑

5.7 公分

以五爪龍作為皇帝權力的象徵，是從元朝確立的規章。自此，五爪龍紋就一直出現在御用瓷器中。

本品為清朝光緒年間（公元一八七五至一九〇八年）由御窰廠製造的小杯，應為喝酒之用，為同款龍紋酒杯的最後一款。此類酒杯的同款設計可追溯至乾隆時期（公元一七三五至一七九五年）。

大清光
緒年製

清十九世紀末

177

廣彩高足杯

高度

5.8 公分

廣彩（Mandarin Palette）指清代的商人從景德鎮把白瓷運至廣州，在當地繪上色彩鮮艷的圖畫再燒製而成，主要作為外銷商品運往歐美，故器型貼近西方設計，繪畫主題則多為中國的風土人情，反映中西文化的交流。

廣彩大量流行於十八至十九世紀，工匠使用濃郁且不透明的色調，配色類似當時中國的外銷水彩畫，在題材上經常展示中國的風景及日常生活情況。此外，廣彩瓷器通常使用金色作背景，表現這類瓷器的華麗感。

本品高足杯為西餐用作放置雞蛋之用。

中國歷代年表

新石器時代	約公元前 6500 至 1700 年
夏	約公元前 2100 至 1600 年
商	約公元前 1600 至 1100 年
周	約公元前 1100 至 256 年
西周	約公元前 1100 至 771 年
東周	公元前 770 至 256 年
春秋	公元前 770 至 476 年
戰國	公元前 475 至 221 年
秦	公元前 221 至 206 年
漢	公元前 206 至公元 220 年
西漢	公元前 206 至公元 8 年
新王莽	公元 9 至 23 年
東漢	公元 25 至 220 年
三國	220 至 280 年
魏	220 至 265 年
蜀漢	221 至 263 年
吳	222 至 280 年
晉	265 至 420 年
西晉	265 至 317 年
十六國	304 至 439 年
東晉	317 至 420 年
南北朝	420 至 589 年

南朝		
	劉宋	420至479年
	南齊	479至502年
	梁	502至557年
	陳	557至589年
北朝		
	北魏	386至534年
	東魏	534至550年
	西魏	535至556年
	北齊	550至577年
	北周	557至581年
隋		581至618年
唐		618至907年
五代		907至960年
	後梁	907至923年
	後唐	923至936年
	後晉	936至946年
	後漢	947至950年
	後周	951至960年
遼		916至1125年
宋		960至1279年
	北宋	960至1127年
	南宋	1127至1279年
金		1115至1234年
元		1271至1368年
明		1368至1644年
清		1644至1911年

參考書目（以筆劃排序）

1 丁福保編，《古錢大辭典》，北京，中華書局，1995年。

2 上田信著，葉韋利譯，《海與帝國——明清時代》，台北，商務印書局，2017年。

3 久保田和男著，郭萬平譯，《宋代開封研究》，上海，上海古籍出版社，2010年。

4 中國古陶瓷學會編，《印紋硬陶與原始瓷研究》，北京，紫禁城出版社，2016年。

5 中國古陶瓷學會編，《龍泉窰瓷器研究》，北京，紫禁城出版社，2013年。

6 中國社會科學院考古研究所、河北省文物研究所編，《縣灣漳北朝壁畫墓》，北京，科學出版社，2003年。

7 中國硅酸鹽學會編，《中國陶瓷史》，北京，文物出版社，2011年。

8 內藤湖南著，夏應元、劉文柱、錢婉約譯，《中國史通論（上）》，北京，社會科學文獻出版社，2004年。

9 孔祥星、劉一曼著，《中國古銅鏡》，台北，藝術圖書公司，1994年。

10 方豪著，《宋史》，台北，中國文化大學，2000年。

11 木下弘美著，鄭濤譯，《帝王巨觀——波士頓的87件中國藝術品》，上海，上海書畫出版社，2018年。

12 王仲犖著，《魏晉南北朝史》，上海，上海人民出版社，2016年。

13 王靖宇著，《中國早期敘事文研究》，上海，上海古籍出版社，2003年。

14 北京大學考古文博學院、泰華古軒編：《閒事與雅器：泰華古軒藏宋元珍品（上、中、下卷）》，北京，文物出版社，2019年。

15 北京藝術博物館著，《中國當陽峪窰》，北京，中國華僑出版社，2011年。

16 司馬遷著，《史記》。

17 任世龍、湯蘇嬰著，《龍泉窰瓷鑒定與鑒賞》，江西，江西美術出版社，2004年。

18 成東、鍾少異著，《中國古代兵器圖集》，北京，解放軍出版社，1990年。

19 朱伯謙著，《龍泉窰青瓷》，台北，藝術家出版社，1998年。

20 朱裕平著，《元代青花瓷》，上海，上海科學技術出版社，2014年。

21 江西省文物考古研究所、景德鎮民窰博物館編，《景德鎮湖田窰址（上下冊）》，北京，文物出版社，2007年。

22 牟永抗著，〈前言〉，載余繼明著，《良渚文化玉器》，浙江，浙江大學出版社，2001年。

23 西漢南越王博物館、寶法德企業有限公司編，《楊永德伉儷捐贈藏枕》，廣州，西漢南越王墓博物館，1993年。

24 何炳棣著，《讀史閱世六十年》，香港，商務印書館，2012年。

25 余英時著，《東漢生死觀》，台北，聯經出版，2008年。

26 余英時著，《漢代貿易與擴張——漢胡經濟關係的研究》，台北，聯經出版，2008年。

27 佚名著，《禮記》。
28 佚名著，《左傳》。
29 佚名著，《蒙古秘史》。
30 努爾蘭・肯加哈買提著，〈日月光金錢胡書考〉，載於《中國錢幣》，2007年，第一期。
31 呂思勉著，《三國史話》，北京，北京出版社，2016年。
32 呂思勉著，《隋唐五代史（全三冊）》，吉林，吉林出版集團，2017年。
33 宋敘五著，《西漢貨幣史》，香港，香港中文大學出版社，2002年。
34 宋濂編，《元史》。
35 巫鴻著，《武梁祠——中國古代畫像藝術的思想性》，北京，三聯書店，2006年。
36 巫鴻著，《美術史十議》，北京，三聯書店，2016年。
37 巫鴻著，《時空中的美術——巫鴻古代美術史文編二集》，北京，三聯書店，2016年。
38 巫鴻著，《黃泉下的美術——宏觀中國古代墓葬》，北京，三聯書店，2016年。
39 巫鴻著，《禮儀中的美術——巫鴻中國古代美術史文編》，北京，三聯書店，2016年。
40 李大鳴著，《藏美——九如堂古陶瓷收藏五十年（上下冊）》，北京，文物出版社，2019年。
41 李心傳著，《建炎以來朝野雜記》。
42 李心傳著，《建炎以來繫年要錄》。
43 李昉編，《太平御覽》。
44 李治亭編，《清史（上）》，上海，上海人民出版社，2002年。
45 李知宴著，〈論樞府釉瓷器〉，載中國古陶瓷學會編，《中國古陶瓷研究（第八輯）》，北京，紫禁城出版社，2002年。
46 李知宴著，《中國釉陶藝術》，北京，輕工業出版社，1989年。
47 李唐著，《宋史》，香港，宏業書局，1974年。
48 李祖德、劉精誠著，《中國貨幣史》，台北，文津出版社，1995年。
49 李零著，《鑠古鑄今——考古發現和復古藝術》，香港，香港中文大學出版社，2005年。
50 李碧珊、許樂心著，《紫方館藏硯》，北京，文物出版社，2006年。
51 李劍農著，《宋元明經濟史稿》，台北，華世出版社，1980年。
52 李慶新著，《海上絲綢之路》，香港，三聯書店，2017年。
53 李學勤著，《中國青銅器的奧秘》，香港，商務印書館，1987年。
54 李學勤著，《東周與秦代文明》，上海，上海人民出版社，2016年。
55 李濟著，《安陽》，上海，上海人民出版社，2007年。
56 李濟著，《殷墟陶器研究》，上海，上海人民出版社，2017年。
57 杜迺松著，《故宮博物院藏文物珍品全集——青銅生活器》，香港，商務印書館，2006年。
58 杜維善、顧小坤著，《開元通寶繫年彙考》，上海，上海書畫出版社，2003年。
59 杜維善著，《半兩考（上下冊）》，上海，上海書畫出版社，2000年。
60 杜維善著，《半兩圖系》，上海，上海書畫出版社，2006年。
61 杜維善著，《五銖圖考》，上海，上海書畫出版社，2009年。
62 周立、高虎著，《中國洛陽出土唐三彩全集（上下冊）》，河南，大象出版社，2007年。
63 周功鑫著，《圖說中華文化故事：楚國歷史文化與藝術》，香港，三聯書店，2019 年。
64 孟元老著，《東京夢華錄》。
65 孟森著，《明代史》，台北，華世出版社，1975 年。
66 東京国立博物館、中日新聞社著，《新安海底引揚げ文物》，名古屋，中日新聞社，1983 年。
67 林巳奈夫著，常耀華、王平、劉曉燕、李環譯，《神與獸的紋樣學——中國古代諸神》，北京，生活·讀書·新知三聯書店，2016 年。
68 林巳奈夫著，楊美莉譯，《中國古玉研究》，台北，藝術圖書公司，1997 年。
69 林保照著，《枕林尋夢——中國歷代陶瓷枕精品》，上海，上海書店出版社，2008 年。
70 林梅村著，〈日月光金與回鶻摩尼教〉，載《中國錢幣論文集（第三輯）》，北京，中國金融出版社，1998 年。
71 林業強、游學華編譯，《朱明遺萃》，香港，香港中文大學文物館，1996 年。
72 林業強主編，《機暇明道——懷海堂藏明代中晚期官窯瓷器》，香港，香港中文大學文物館，2007 年。
73 河北省文物研究所編，《燕下都》，北京，文物出版社，1996 年。
74 金毓黻著，《宋遼金史》，台北，商務印書館，1991 年。
75 南炳文、湯綱著，《明史》，上海，上海人民出版社，2003 年。
76 南陽市博物館編，《南陽漢代陶狗》，鄭州，中州古籍出版社，1997 年。
77 咸陽市文物考古研究所編，《咸陽十六國墓》，北京，文物出版社，2006 年。
78 姚大力著，《蒙元制度與政治文化》，北京，北京大學出版社，2011 年。
79 施君玉編，《紫艷凝青——琳標堂藏古代鈞瓷》，香港，香港大學美術博物館，2008 年。
80 段成式著，《酉陽雜俎》。
81 范曄著，《後漢書》。
82 郎銳、林文君著，《昭武遺珍——唐安西都護府地區貨幣研究》，長沙，湖南美術出版社，2018 年。
83 香港大學馮平山博物館，廣東博物館編，《廣東唐宋窰址出土陶瓷》，香港，香港大學馮平山博物館，1985 年。
84 香港文化博物館，陳李淑儀，鄭煥棠，羅欣欣編，《宋至清陶瓷》，香港，康樂及文化事務署，2003 年。
85 香港歷史博物館、丁新豹編，《李鄭屋漢墓》，香港，香港歷史博物館，2005 年。
86 倉橋藤治郎 編，《鉅鹿出土陶》，東京，工政会出版部，1932 年。
87 夏含夷（Edward L. Shaughnessy）著，《古史異觀》，上海，上海古籍出版社，2005 年。
88 孫慶偉著，《鼏宅禹跡：夏代信史的考古學重建》，北京，生活·讀書·新知三聯書店，2018 年。
89 徐復觀著，《中國藝術精神》，北京，商務印書館，2010 年。
90 徐蘋芳著，《中國歷史考古學論集》，上海，上海古籍出版社，2012 年。
91 徐蘋芳著，〈唐宋墓葬中的「明器神煞」與「墓儀」制度——讀《大漢原陵秘葬經》箚記〉，載《考古》，1963 年，第 2 期。
92 晏新志著，《多姿多彩的陶俑》，陝西，陝西人民出版社，2006 年。
93 桑原騭藏著，〈歷史上所見的南北中國〉，載劉俊文主編，《本學者研究中國史論著選譯（第一卷）》，北京，中華書局，1993 年。

94 桑原騭藏著，陳裕菁譯訂，《蒲壽庚考》，北京，中華書局，2009年。

95 浦上蒼穹堂編，《紀元前中国陶瓷》，東京，浦上蒼穹堂，1991年。

96 浦上蒼穹堂編，《紀元前中国陶瓷 II》，東京，浦上蒼穹堂，1994年。

97 班固著，《漢書》。

98 秦偉主編，《原始瓷器研究》，北京，紫禁城出版社，2014年。

99 耿寶昌著，《明清瓷器鑒定》，北京，紫禁城出版社，1993年。

100 袁仲一、劉鈺編，《秦陶文新編（上下冊）》，北京，文物出版社，2009年。

101 郝紅星、張倩、李揚著，〈中原唐墓中的明器神煞制度〉，載《華夏考古》，2000年，第4期。

102 陝西法門寺考古隊著，〈扶風法門寺塔唐代地宮發掘簡報〉，載於《文物》，1988年，10期。

103 陝西省考古研究所著，《五代黃堡窯址》，北京，文物出版社，1998年。

104 陝西省考古研究院編，《唐長安醴泉坊三彩窯址》，北京，文物出版社，2008年。

105 馬建春著，〈古元代東遷西域人屯田述論〉，載於《西域研究》，2001年，第4期。

106 高橋宏臣著，林松濤譯，《宋金元貨幣史研究——元朝貨幣政策之形成過程》，上海，上海古籍出版社，2010年。

107 常盤山文庫中國陶磁研究會會報3，《北齊の陶磁》，2010年。

108 常盤山文庫中國陶磁研究會會報7，《初期白瓷》，2018。

109 康樂著，《從西郊到南郊——國家祭典與北魏政治》，台北，稻鄉出版社，1995年。

110 張永祿著，《唐都長安》，陝西，三秦出版社，2010年。

111 張光直著，《古代中國考古學》，北京，生活．讀書．新知三聯書店，2013年。

112 張光直著，《美術、神話與祭祀》，遼寧，遼寧教育出版社，2002年。

113 張光直著，《商文明》，北京，生活．讀書．新知三聯書店，2013年。

114 張志忠、李恩瑋、趙慶鋼編，《邢窯研究》，北京，文物出版社，2007年。

115 張松林主編，《中國古代鎮墓神物》，北京，文物出版社，2004年。

116 張偉華主編，《抱璞怡陶——中國新石器時代的陶器與玉器》，台北，雲中居古玩，2001年。

117 張淑芬著，《故宮博物院藏文物珍品全集——文房四寶．紙硯》，香港，商務印書館，2006年。

118 張景文著，〈大漢原陵秘葬經〉，載解縉等編，《永樂大典》。

119 張景明、王雁卿著，《中國飲食器具發展史》，上海，上海古籍出版社，2011年。

120 敏求精舍編，《日昇月騰——從敏求精舍藏品看明代》，香港，康樂及文化事務署，2015年。

121 梁思成著，《中國雕塑史》，香港，三聯書店，2019年。

122 梅維恒、郝也麟著，《茶的世界史》，香港，商務印書館，2013年。

123 深圳市文物考古鑒定所編，《知白守黑——北方黑釉瓷文物精品》，廣州，嶺南美術出版社，2016年。

124 深圳博物館、深圳市文物管理辦公室、深圳市文物考古鑒定所編，《玄色之美——中國歷代黑釉瓷器珍品》，北京，文物出版社，2012年。

125 眭偉民著，《枕中菁華》，上海，上海書畫出版社，2013年。

126 章群著，《唐史》，台北，中國文化大學，1980年。

127 莊申著，《長安時代——唐人生活史》，香港，香港大學美術博物館，2008年。
128 許正弘著，〈元太禧宗禋院官署建置考論〉，載《清華學報》，2012年，42卷3期。
129 許倬雲著，《中國古代社會史論——春秋戰國時期的社會流動》，廣西，廣西師範大學出版社，2006年。
130 許倬雲著，《西周史》，北京，生活·讀書·新知三聯書店，2018年。
131 許倬雲著，《萬古江河》，香港，中華書局，2006年。
132 陳三平著，《木蘭與麒麟：中古中國的突厥——伊朗元素》，新北，八旗文化，2019年。
133 陳平著，《燕文化》，北京，文物出版社，2006年。
134 陳永志主編，《內蒙古集寧路古城遺址出土瓷器》，北京，文物出版社，2004年。
135 陳旭著，《夏商考古》，北京，文物出版社，2001年。
136 陳建中、孫藝靈著，《德化白瓷》，福州，福建美術出版社，2002年。
137 陳弱水著，《隱蔽的光景——唐代的婦女文化與家庭生活》，廣西，廣西師範大學出版社，2009年。
138 陳振著，《宋史》，上海，上海人民出版社，2003年。
139 陳鼓應著，《老子注譯及評價》，北京，中華書局，1984年。
140 陳壽著，《三國志》。
141 陶晉生著，《北宋士族——家族·婚姻·生活》，台北，樂學書局有限公司，2001年。
142 陶晉生著，《宋遼金元史新編》，台北，稻鄉出版社，2008年。
143 陶晉生著，《宋遼關係史研究》，北京，中華書局，2008年。
144 陸羽著，《茶經》。
145 傅樂成著，《中國通史——隋唐五代史》，北京，九州出版社，2009年。
146 勞榦著，《秦漢史》，台北，中國文化大學，2001年。
147 勞榦著，《魏晉南北朝史》，北京，中華書局，2018年。
148 單周堯著，《左傳學論集》，台北，文史哲出版社，2000年。
149 彭信威著，《中國貨幣史》，上海，上海人民出版社，2015年。
150 彭適凡著，《中國南方古代印紋陶》，北京，文物出版社，1987年。
151 揚之水、陳建明編，《湖南宋元窖藏金銀器發現與研究》，北京，文物出版社，2009年。
152 揚之水著，《宋代花瓶》，香港，中和出版，2014年。
153 揚之水著，《兩宋茶事》，香港，中和出版，2015年。
154 揚之水著，《香識》，香港，中和出版，2014年。
155 揚之水著，《奢華之色——宋元明金銀器研究（全三卷）》，北京，中華書局，2011年。
156 揚之水著，《從孩兒詩到百子圖》，香港，中和出版，2014年。
157 揚之水著，《曾有西風半點香——敦煌藝術名物叢考》，香港，中和出版，2016年。
158 斯波義信著，方健、何忠禮譯，《宋代江南經濟史研究》，江蘇，江蘇人民出版社，2012年。
159 斯波義信著，庄景輝譯，《宋代商業史研究》，台北，稻禾出版社，1997年。
160 游子安、游學華編，《書齋與道場——道教文物》，香港，香港中文大學文物館，2008年。
161 湖南省博物館、中國科學院、考古研究所編，《長沙馬王堆一號漢墓（上下冊）》，北京，文物出版社，1973年。
162 程民生著，《宋代物價研究》，北京，人民出版社，2008年。
163 逯耀東著，《從平城到洛陽——拓跋魏文化轉變的歷程》，北京，中華書局，2006年。
164 馮平山博物館、浙江省博物館編，《浙江青瓷》，香港，香港大學馮平山博物館，1994年。
165 馮爾康著，《雍正傳》，新北，商務印書館，2014年。
166 楊心珉著，《錢貨可議——唐代貨幣史鈎沉》，北京，中華書局，2018年。
167 楊春棠編，《河南出土陶瓷》，香港，香港大學美術博物館，1997年。
168 楚戈著，《龍史——亞洲文明的共同象徵》，自版，2009年。
169 葉喆民，《中國陶瓷史（增訂版）》，北京，生活．讀書．新知三聯書店，2011年。
170 路菁著，《遼代陶瓷》，遼寧，萬卷出版，2003年。
171 榮新江著，《隋唐長安——性別、記憶及其他》，香港，三聯書店，2009年。
172 蒲慕州著，《追尋一己之福——中國古代的信仰世界》，上海，上海古籍出版社，2007年。
173 趙化成、高崇文著，《秦漢考古》，北京，文物出版社，2002年。
174 趙佶著、日月洲注，《大觀茶論——宋代經典茶書八種》，北京，九州出版社，2018年。
175 趙廣超著，《筆記《清明上河圖》（修訂版）》，香港，三聯書店，2016年。
176 趙慶鋼、張志忠著，《千年邢窰》，北京，文物出版社，2007年。
177 趙學鋒著，《北朝墓群皇陵陶俑》，重慶，重慶出版社，2004年。
178 趙叢蒼、郭妍利著，《兩周考古》，北京，文物出版社，2004年。
179 齊東方、申秦雁編，《花舞大唐春——何家村遺寶精粹》，北京，文物出版社，2003年。
180 劉秉果、張生平著，《捶丸——中國古代的高爾夫球》，上海，上海古籍出版社，2005年。
181 劉金成編，《高安元代窖藏瓷器》，北京，朝華出版社，2006年。
182 劉昫編，《舊唐書》。
183 劉美觀著，《解讀長沙窰》，北京，文物出版社，2006年。
184 劉森著，《宋金紙幣史》，北京，中國金融出版社，1993年。
185 劉淼、胡舒揚著，《沉船、瓷器與海上絲綢之路》，社會科學文獻出版社，2016年。
186 劉鳳君著，〈新石器時代與銅石並用時代的雕塑藝術：論美術在中國文明起源中的地位〉，載《中國文物世界》，1993年11月，第99期，頁35-56。
187 廣州市文化局、廣州西漢南越王墓博物館編，《楊永德伉儷珍藏黑釉瓷》，廣州，廣州市文化局，1997年。
188 鄭天挺著，《清史（上編）》，天津，天津人民出版社，1989年。
189 黎東方著，《細說明朝》，北京，商務印書館，2015年。
190 蕭一山著，《清代通史（全五冊）》，台北，商務印書館，1972年。
191 蕭啟慶著，《元代史新探》，台北，新文豐出版，1983年。
192 蕭啟慶著，《元代的族群文化與科舉》，台北，聯經出版，2008年。
193 蕭啟慶著，《元朝史新論》，台北，允晨文化，1999年。
194 蕭啟慶著，《內北國而外中國——蒙元史研究（上下冊）》，北京，中華書局，2007年。

195 蕭啟慶著，《蒙元史新研》，台北，允晨文化，1994年。
196 蕭清著，《中國古代貨幣思想史》，台北，商務印書館，1992年。
197 應劭著，《風俗通義》。
198 戴逸著，《簡明清史（全兩冊）》，北京，中國人民大學出版社，2018年。
199 臨時區域市政局編，《漢唐陶瓷藝術——徐展堂博士捐贈中國文物粹選》，香港，臨時區域市政局，1998年。
200 謝明良著，〈中國早期鉛釉陶器〉，載顏娟英主編，《中國史新論——美術考古分冊》，台北，聯經出版，2010年。
201 謝明良著，《中國古代鉛釉陶的世界——從戰國到唐代》，台北，石頭出版社，2014年。
202 謝明良著，《中國陶瓷史論集》，台北，允晨文化，2007年。
203 謝明良著，《六朝陶瓷論集》，台北，台灣大學，2006年。
204 謝明良著，《陶瓷手記》，台北，石頭出版社，2008年。
205 謝明良著，《陶瓷手記2——亞洲視野下的中國陶瓷文化史》，台北，石頭出版社，2012年。
206 謝明良著，《陶瓷手記3——陶瓷史的地平與想像》，台北，石頭出版社，2015年。
207 謝明良著，《陶瓷修補術的文化史》，台北，台灣大學，2018年。
208 謝明良著，《貿易陶瓷與文化史》，台北，允晨文化，2005年。
209 瞿同祖著，《中國封建社會》，北京，商務印書館，2015年。
210 羅東陽著，《明太祖禮法之治研究》，北京，高等教育出版社，1998年。
211 羅啟妍編，《如銀似雪——中國晚唐至元代白瓷賞析》，香港，雍明堂，1998年。
212 羅森（JessicaRawson）著，孫心菲等譯，《中國古代的藝術與文化》，北京，北京大學出版社，2002年。
213 藤田豐八著，何健民譯，《中國南海古代交通叢考（上中下）》，山西，山西人民出版社，2015年。
214 藤田豐八著，魏重慶譯，《宋代之市舶司與市舶條例》，山西，山西人民出版社，2015年。
215 藤善真澄著，張恆怡譯，《安祿山——皇帝寶座的覬覦者》，上海：中西書局，2017年。
216 關善明著，《中國古代玻璃》，香港，沐文堂，2001年。
217 關善明著，《沐文堂收藏全集03——中國史前陶藝》，香港，沐文堂，2004年。
218 關善明著，《沐文堂收藏全集04——中國古硯》，香港，沐文堂，2005年。
219 關善明著，《沐文堂收藏全集10——中國雕塑》，香港，沐文堂，2011年。
220 關善明著，《沐文堂收藏全集11——宋代陶瓷》，香港，沐文堂，2012年。

---

221 Anderson, E. N., *The Food of China*, Chapters 1 and 2, New Haven, Yale University Press, 1988.
222 Andersson, J. G., "An Early Chinese Culture", *The Geological Survey of China*, no. 5, Peking, Ministry of Agriculture and Commerce, 1923.
223 Barfield, Thomas J, *The Perilous Frontier: Nomadic Empires and China, 221 BC to AD 1757*, Cambridge, Mass., B. Blackwell, 1989.
224 Brook, Timothy, *The Troubled Empire: China in the Yuan and Ming*

Dynasties, Cambridge, Harvard University Press, 2010.

225 Brown, Roxanna Maude, *The Ceramics of South-East Asia: Their Dating and Identification*, 2nd ed., New York, Oxford University Press, 1988.

226 Brown, Roxanna Maude, *The Ming Gap and Shipwreck Ceramics in Southeast Asia: Towards a Chronology of Thai Trade Ware*, Bangkok, River Books Press Dist A C, 2009.

227 Ch'u, T'ung-Tsu, *Local Government in China under the Ch'ing*, Cambridge, Harvard University Press, 1962.

228 Chan, Hok-Lam, *Legitimation in Imperial China: Discussions under the Jurchen-Chin Dynasty*, Seattle, University of Washington Press, 1985.

229 Chang, K. C., *Food in Chinese Culture: Antropological and Historical Perspectives*, New Haven, Yale University Press, 1977.

230 Chin, Tamara T. *Savage Exchange: Han Imperialism, Chinese Literary Style, and the Economic Imagination*, Cambridge, Harvard University Asia Center, 2014.

231 Christie, Manson & Woods International Inc., *Fine Chinese Ceramics and Works of Art*, New York, Christie's, 20th, March, 2001.

232 Christie, Manson & Woods International Inc., *The Jingguantang Collection Part II: Fine and Important Chinese Ceramics and Works of Art*, New York, Christie's, 20th, March,1997.

233 Crossley, Pamela, *A Translucent Mirror: History and Identity in Qing Imperial Ideology*, Berkeley, University of California Press, 2007.

234 Crossley, Pamela, *The Manchus*, Malden, Blackwell Publishers, 2006.

235 Dani, A. H., *Gandhara Art in Pakistan*, Islamabad, Dept. of Films & Publications, 1992.

236 Ebrey, Patricia Buckley, *Emperor Huizong*, Cambridge, Harvard University Press, 2014.

237 Elliott, Mark C., *The Manchu Way: The Eight Banners and Ethnic Identity in Late Imperial China*, Stanford, Stanford University Press, 2006.

238 Elvin, Mark, *The Pattern of the Chinese Past, Stanford*, Stanford University Press, 1973.

239 Elvin, Mark, *The Retreat of the Elephants: An Environmental History of China*, New Haven, Yale University Press, 2006.

240 Finlay, Robert, *The Pilgrim Art: Cultures of Porcelain in World History*, Berkeley, University of California Press, 2010.

241 Frankopan, Peter, *The Silk Roads: A New History of the World*, London, Bloomsbury Publishing, 2018.

242 Gernet, Jacques, *Daily Life in China on the Eve of the Mongol Invasion, 1250-1276*, Califonia, Stanford University Press, 1962.

243 Glahn, Richard von, *The Economic History of China: From Antiquity to the Nineteenth Century*, Cambridge, Cambridge University Press, 2016.

244 Gotuaco, Larry; Tan, Rita C. & Diem, Allison I., *Chinese and Vietnamese Blue and White Wares Found in the Philippines*, Makati City, Bookmark, 1997.

245 Hansen, Valerie, *Negotiating Daily Life in Traditional China: How Ordinary People Used Contracts*, New Haven, Yale University Press, 1995.

246 Hansen, Valerie, *The Open Empire: A History of China to 1600*, New York, Norton, 2000.

247 He, Li, *Chinese Ceramics : A New Comprehensive Survey from the Asian Art*

Museum of San Francisco, New York, Rizzoli, 1996.

248 Ho, Ping-Ti, *The Cradle of the East: An Inquiry into the Indigenous Origins of Techniques and Ideas of Neolithic and Early Historic China, 5000-1000 B.C.*, Chicago, University of Chicago Press, 1975.

249 Ho, Joan Yi-Hsing (ed.), *The Multiplicity of Simplicity: Monochrome Wares from the Song to the Yuan Dynasties*, Hong Kong, University Meseum and Art Gallery, University of Hong Kong, 2012.

250 Kerr, Rose and Mengoni, Luisa E., *Chinese Export Ceramics*, London : V & A Publishing, 2011.

251 Kerr, Rose, *Later Chinese Bronzes*, London, Bamboo Publishing & Victoria and Albert Museum, 1990.

252 Krahl, Regina, *"Snow Lion with Palm Trees", Fiftieth Anniversary Exhibition: Twelve Chinese Masterworks*, London, Eskenazi, 2010, pp. 23-25.

253 Krahl, Regina, *Chinese Ceramics from the Meiyintang Collection Volume 3 (I)*, London, Paradou Writing, 2006, pp. 224-229.

254 *Kuhn, Dieter, The Age of Confucian Rule: The Song Transformation of China*, Cambridge, Belknap Press of Harvard University Press, 2011.

255 Lattimore, Owen, *Inner Asian Frontiers of China*, Hong Kong, Oxford Oxford University Press, 1992.

256 Lau, Aileen (ed.), *Spirit of Han: Ceramics for the After-Life*, Singapore, Southeast Asian Ceramic Society, 1991.

257 Lee, Sherman E., *A History of Far Eastern Art*, New York, Harry N. Abrams, 1994.

258 Lewis, Mark E., *China's Cosmopolitan Empire: The Tang Dynasty*, London, Belknap Press of Harvard University Press, 2009.

259 Lewis, Mark E., *Chinese Between Empires: The Northern and Southern Dynasties*, Cambridge, Belknap Press of Harvard University Press, 2009.

260 Lewis, Mark E., *The Early Chinese Empires: Qin and Han*, Cambridge, Harvard University Press, 2010.

261 Lion-Goldschmidt, Daisy, *Ming Porcelain*, London, Thames and Hudson, 1978.

262 Liu, Laing-yu, *A Survey of Chinese Ceramics (3): Liao, Hsi-Hsia, Chin and Yuan Wares*, Taipei, Aries Gemini Publishing, 1992.

263 Loewe, Michael & Shaughnessy, Edward L., *The Cambridge History of Ancient China: From the Origins of Civilization to 221 B.C.*, Cambridge, Cambridge University Press, 1999.

264 Loewe, Michael, *Faith, Myth and Reason in Han China*, Indianapolis, Hackett, 2005.

265 Loewe, Michael, *Ways to Paradise: The Chinese Quest for Immortality*, London, Unwin Hyman , 1979.

266 Longsdorf, Ronald W., *The Pottery Age: An Appreciation of Neolithic Ceramics from China Circa 7000 BC – Circa 1000 BC*, Hong Kong, Collectors' Box Co., 2019.

267 Macintosh, Duncan, "Shu-fu Wares", *Bulletin of the Oriental Ceramic Society of Hong Kong*, Number 4 1978-1980, Hong Kong, The Oriental Ceramic Society of Hong Kong, 1981, pp. 35-53.

268 Maspero, Henri, *China in Antiquity, Amherst*, University of Massachusetts Press, 1978.

269 Mino, Yutaka & Tsiang, Katherine R., *Ice and Green Clouds: Traditions of*

Chinese Celadon, Indianapolis, Indianapolis Museum of Art, 1986.

270 Mote, Frederick, *Imperial China, 900-1800*, Cambridge, Harvard University Press, 2003.

271 Naquin, Susan & Rawski, Evelyn, *Chinese Society in the Eighteenth Century*, New Haven, Yale University Press, 1987.

272 Oriental Ceramic Society of Hong Kong, Fung Ping Shan Museum, *Jingdezhen Wares : The Yuan Evolution*, Hong Kong, Oriental Ceramic Society of Hong Kong, 1984.

273 Rawski, Evelyn S., *The Last Emperors: A Social History of Qing Imperial Institutions*, Berkeley, University of California Press, 2009.

274 Rawson, Jessica, "Chinese Burial Patterns: Sources of Information on Thought and Belief", Renfrew, Colin & Scarre,Chris (ed.), *Cognition and Material Culture: the Archaeology of Symbolic Storage*, Cambridge, McDonald Institute for Archaeological Research, 1999.

275 Rawson, Jessica, "Thinking in Pictures: Tomb Figures in the Chinese View of the Afterlife", *Transactions of the Oriental Ceramic Society*, Vol. 61, 1996-1997, London, The Oriental Ceramic Society in association with Sotheby Publications, 1998, pp. 19-37.

276 Rowe, William T., *China's Last Empire: The Great Qing*, Cambridge, Belknap Press of Harvard University Press, 2012.

277 Schafer, Edward H., *The Golden Peaches of Samarkand: A Study of T'ang Exotics*, USA, Pickle Partners Publishing, 2016.

278 Schafer, Edward, *The Golden Peaches of Samarkand: A Study of T'ang Exotics*, Berkeley and Los Angeles, University of California Press, 1963.

279 Scott, Rosemary E., *Chinese Copper Red Wares*, London, School of Oriental and African Studies, 1992.

280 Seattle Art Museum, *Serene Pleasure: The Jinglexuan Collection of Chinese Ceramics*, Seattle, Seattle Art Museum, 2001.

281 So, Billy K. L., *Prosperity, Region, and Institutions in Maritime China: The South Fukien Pattern, 946-1368*, Cambridge, Harvard University Press, 2000.

282 Sotheby's Hong Kong, *Chinese Art through the Eye of Sakamoto Gorō: Sculpture*, Hong Kong, Sotheby's, 8th October, 2013.

283 Sotheby's Hong Kong, *Fine Chinese Ceramics, Works of Art, Jade Carvings and Jadeite Jewellery*, Hong Kong, Sotheby's, 26th & 27th October 1993.

284 Southeast Asian Ceramic Society and National Museum (Singapore), *Chinese Celadons and Other Related Wares in Southeast Asia*, Singapore, Southeast Asian Ceramic Society & Arts Orientalis, 1979.

285 Spence, Jonathan, *Treason by the Book: Traitors, Conspirators and Guardians of an Emperor*, London, Penguin Books, 2006.

286 Sterckx, Roel, *The Animal and the Daemon in Early China*, New York, State University of New York, 2002.

287 Stevenson, J.; Guy, J. & Cort, L. A., *Vietnamese Ceramics: A Separate Tradition*, Chicago, Art Media Resources, 1997.

288 Tan, Rita C.; Felice Prudente Sta. Maria; Boulay, Anthony Du & Roges, Alejandro R., "Villanueva Collection in Manila: Export Wares othe Yuan Dynasty", *Arts of Asia*, Volume 20 Number 4, Hong Kong, Ed. Arts of Asia, 1990, pp. 70-86.

289 The Fung Ping Shan Museum, The University of Hong Kong, *Ceramic*

Finds from Jingdezhen Kilns (10th - 17th Century), Hong Kong, Fung Ping Shan Museum, 1992.

290 The Hong Kong Museum of History, *The Maritime Silk Route: 2000 Years of Trade on the South China Sea*, Hong Kong, Urban Council, 1996.

291 The National Museum of Singapore & Southeast Asian Ceramic Society, *Ceramics in Scholarly Taste*, Singapore, SunTree Publishing, 1993.

292 The Oriental Ceramic Society of Hong Kong, *Chinese Blue and White Porcelain*, Hong Kong, Oriental Ceramic Society of Hong Kong, 1975.

293 The Oriental Ceramic Society of Hong Kong, *Southeast Asian and Chinese Trade Pottery*, Hong Kong, Oriental Ceramic Society of Hong Kong, 1979.

294 The Oriental Ceramic Society of the Philippines, *Chinese and South-East Asian White Ware Found in the Philippines*, Singapore, Singapore Oxford University Press, 1993.

295 Tregear, Mary, *Song Ceramics*, New York, Rizzoli, 1982.

296 Twitchett, D.C., *Financial Administration Under the T'ang Dynasty*, Cambridge, Cambridge University Press, 1963.

297 Twitchett, Denis & Loewe, Michael (ed.), *The Cambridge History of China, Vol. 1: The Chin and Han Empires*. Chapters 2, 6, 10, Cambridge, Cambridge University Press, 1986.

298 Twitchett, Denis (ed.), *The Cambridge History of China, Vol. 3: Sui and T'ang China, 589-906, Part 1*, Cambridge , Cambridge University Press, 1979.

299 Twitchett, Denis C. & Franke, Herbert, *The Cambridge History of China, Vol. 6: Alien Regimes and Border States, 907-1368*, Cambridge, Cambridge University Press, 1994.

300 Twitchett, Denis C. & Mote, Frederick W. (Ed.), *The Cambridge History of China, Vol. 8, Part 2: The Ming Dynasty, 1368-1644*, Cambridge, Cambridge University Press, 1998.

301 Vainker, Shelagh, *Chinese Pottery and Porcelain(Second Edition)*, London, British Museum Press, 2005.

302 Valenstein, Suzanne G., *Cosmopolitanism in the Tang Dynasty: A Chinese Ceramic Figure of a Sogdian Wine-Merchant*, Los Angeles, Bridge21 Publications, 2014.

303 Valentstein, Suzanne G., *Cultural Convergence in the Northern Qi Period: A Flamboyant Chinese Ceramic Container*, New York, Metropolitan Museum of Art, 2007.

304 Wakeman, Frederic, *The Great Enterprise: The Manchu Reconstruction of Imperial Order in Seventeenth Century China*, California, University of California, 1986.

305 Watson, Burton (Trans.), *Hsun Tzu: Basic Writings*, New York, Columbia University Press, 1963.

306 Watson, William, *Tang and Liao Ceramics*, New York, Rizzoli, 1984.

307 Wirgin, Jan, *Sung Ceramics Design*, London, Han-Shan Tang, 1979.

308 Wright, Arthur F., "The Formation of Sui Ideology", Fairbank, John K. (ed.), *Chinese Thought and Institutions*, Chicago, University of Chicago Press, 1967.

309 Wu, Hung, "On Tomb Figurines: The Beginning of a Visual Tradition", Wu, Hung & Tsiang, Katherine R. (ed.), *Body and Face in Chinese Visual Culture*, Cambridge, Harvard University Asia Center, 2005.

310 Wu, Hung, "Rethinking East Asian Tombs: A Methodological Proposal", Elizabeth Cropper (ed.), *Dialogues in Art History, from Mesopotamian to Modern: Readings for a New Century*, New Haven, Yale University Press, 2009.

311 Yu, Ying-Shih, "O Soul, Come Back! A Study in the Changing Conceptions of the Soul and Afterlife in Pre-Buddhist China", *Harvard Journal of Asiatic Studies*, 47(2), Cambridge, Harvard-Yenching Institute, 1987.

312 Yu, Anthony C., *State and Religion in China: Historical and Textual Perspectives*, Chicago, Open Court, 2005.

鳴謝（以筆劃排序）

丁新豹教授 Prof. Joseph Ting Sun Pao

三聯書店團隊 Joint Publishing Co. Team

川島公之先生 Mr. Tadashi Kawashima

小野公久先生 Mr. Kimihisa Ono

井上雄吉先生 Mr. Yukichi Inouye

文灼非先生 Mr. Man Cheuk Fei

平野龍一先生 Mr. Ryoichi Hirano

石俊生先生 Mr. Jonathan Stone

何三才先生 Mr. Ho Sam Choi

何安達、陳淑貞伉儷 Mr. Anthony J. Hardy & Ms. Susan Chen

吳多津先生 Mr. Ng To Chon

吳繼遠先生 Mr. Kai Yuen Ng

李天穎小姐 Ms. Cristine Li

李安女士 Ms. Anne Lee

李志雄先生 Mr. Lee Chi Hung

李署鳴先生 Mr. Leon L. M. Lee

松田卓治先生 Mr. Takuji Matsuda

林美玉女士 Ms. Maria Lam

林喜翔女士 Ms. Addy Lam

林雲翔女士 Ms. Midco Lam

林業強教授 Prof. Lam Yip Keung, Peter

林翼翔女士 Ms. Bobo Lam

金樂琦教授 Prof. Roger King

胡經華先生 Mr. Peter Woo

韋持力先生 Mr. Richard Wesley

姚國豪先生 Mr. Vincent Yiu

唐晞殷小姐 Ms. Sherese Tong

唐慧敏女士 Ms. Vivian Tong

浦上滿先生 Mr. Mitsuru Urgami

梁福生先生 Mr. Jacky Leung

梁曉新先生 Mr. Michael Leung

許曉暉女士 Ms. Florence Hui Hiu Fai

郭建明先生 Mr. Patrick Kwok

陳江凱先生 Mr. Chan Kong Hoi, Roy

陳碧華女士 Ms. Pik Wa, Gloria Chan

陳麗碧博士 Dr. Libby Chan

麥繁桁先生 Mr. Mak Kai Hang

彭理順先生 Mr. Pang Li Shun

曾子維先生 Mr. Ross Tsang

曾禮新先生 Mr. Tsang Lai Sun

森麗玲小姐 Ms. Alice Williamson

馮英柱先生 Mr. Martin Fung

溥達維伉儷 Mr. & Mrs. David Priestley

葉劉淑儀女士及匯賢智庫學苑團隊

Mrs. Regina Ip Lau Suk-Yee and the Savantas Liberal Arts Academy

鈴木泉先生 Mr. Izumi Suzuki

寧礎鋒先生 Mr. Ling Cho Fung

黎展康先生 Mr. Lai Chin Hong

盧德順先生 Mr. T. S. Loh

閻焰先生 Mr. Yan Yan

羅愛貞女士 Ms. Kathy Law

譚浩雲女士 Ms. Monita Tam

蘇基朗教授 Prof. Billy Kee Long So

蘇媛女士 Ms. Judy Inn

Ms. Candice Lee

Mr. Floris van der Ven

Ms. Grace Chu

Mr. Joseph Lang

Ms. Mae Lee

三聯書店
http://jointpublishing.com

JPBooks.Plus
http://jpbooks.plus